美麗人生：呂秀蓮時空博物館
A Beautiful Life: Oral History and Documents of Annette Lu

Oral History of Chinese American Women Series

By Chang C. Chen, PhD, JD 邱彰

copyright©2021 by Chang C. Chen

All rights reserved

No part of this book may be reproduced or utilized in any form or by any means, electronic or mechanical, or by any information storage or retrieval system, without written permission from the publisher.

ISBN : 978-1-949736-29-8

LCCN : 1249960055

Includes bibliographical references.

"Herstory: in her own words"

Oral History of Chinese American Women Series

Preface

Since 1960, many of Taiwan's elite college women graduates began a movement to study at leading American graduate schools. They are called the Overachiever Generation. The situation changed drastically in 2000 when China emerged as a world economic power. American schools were no longer the only option, and most of Taiwan's youth choose to further their studies and work in China where language and culture are not a barrier.

In 2014, I met Dr. Chang Yu-Tung, Director of the National History Museum of Taiwan. Dr. Chang convinced me to curate an exhibition, "Herstory—the Legal History of Chinese American Women." It suddenly dawned on me that I should record the oral history of those groundbreaking Chinese American women whenever I had a chance to meet them for the exhibition.

When I was growing up in Taiwan, I did not see any women leaders in any profession. But the women I met for the exhibition were different. They endured the most difficult challenges and they faced hostility and criticism. Eventually, they found creative ways to overcome barriers and made it to the top.

Now, in facing the sunset of their lives, how do they help their American born children understand their extraordinary achievements? How do they pass on their experiences and wisdom? Being a member of the Overachiever Generation myself, I passionately want to preserve its legacy and glorious history.

Today, the 8th printed book in series of Chinese American Women is published. It is entitled, "A Beautiful Life: Oral History and Documents of Annette Lu". I hope you will share our joy and help us introduce our series to your younger friends, hopefully to assist them in achieving their goals, remember the past, and to encourage other Chinese American women to be proud of what we have accomplished.

| 作者序

Herstory-
美國華人女性口述歷史系列

從 1960 年開始，一批批台灣最優秀的女性學子至美國求學，沒拿到博士學位的幾乎無顏回家見江東父老。這些留學生世代被稱為「高成就世代」(Overachiever Generation)。

情況到 2000 年起了變化，中國崛起，製造了可觀的經濟機會。到美國留學的年輕人愈來愈多，也排擠了台灣年輕人到美國求學的機會，而當年決定留在美國高就的留學生，除了國籍變更之外，也面臨了文化斷層，沒有台灣年輕人接班了，他們的風光即將埋入歷史。

我也是這群高成就世代的人，我常苦思如何在我們因年齡而隨風飄逝之前，保留住這段輝煌。2014 年，我因緣際會認識了台灣國立歷史博物館館長張譽騰博士，受邀策展 HERSTORY- 美國華人女性法律史，也因之認識許多傑出的美國華人女性，我忽然想到，何不為這些創造歷史的女性錄製口述歷史？

看著她們已經灰白的頭和智慧的眼睛，這群不凡的女性是我在長大時沒在職場看到的。她們當年面對了最艱困的環境以及周遭不懷好意的眼神，卻依舊披荊斬棘、開天闢地，成為各行各業的第一。

她們已經逐漸老去，她們生在美國只會講英文的子女，如何了解母親之不凡？而她們的經驗及智慧又如何承傳？今天年輕的華人女性要在職場出頭天依舊困難重重，這種困難從她們選擇志業的第一天就開始了，誰來指路？我以為這群曾經打破職場玻璃屋頂的女性，她們可以做為年輕一代的典範 (role model) 及指路明燈，她們經驗豐富的歷史可以透過口述及多媒體呈現，傳承下去。

今天，華人女性口述歷史叢書的第八本「美麗人生：呂秀蓮時空博物館」出版了，希望大家分享我們的喜悅，把此系列叢書介紹給年輕的朋友，協助她們立志，介紹給同輩的朋友，讓她們緬懷，介紹給其他華人女性，讓大家同感驕傲。謝謝！

邱彰

2021 年於舊金山

美麗人生：呂秀蓮時空博物館
智者呂秀蓮

屈指一算，我認識呂秀蓮已經42年了！42年前我住在紐約市近郊的Englewood一個200年的古宅，畫家謝理法常來家裡作畫，他有一天告訴我，台灣有位從事反對運動的呂秀蓮在哈佛大學深造，她可不可以在週末住我家。不久，呂秀蓮在週末來紐約演講或訪友時，我就去紐約市接她。

她說她當時正在台灣推動女權運動，每天打開信箱，都會收到很多謾罵的信件，讓她非常傷心，但也讓她下定決心要繼續走這條路。她說，為了支持反對運動，她想回台灣參選立法委員，我認為她這樣做一定會被關，但她的心意不動如山，果然回去之後，因為美麗島事件被判刑八年，坐了五年多的牢，國民黨政府後來說她得了癌症，所以提前釋放她，其實我想他們會這麼說，只是自找台階下吧。

後來呂秀蓮選國大代表、選立委、選縣長，我都躬逢其盛。呂秀蓮最擅長成立各種各樣的基金會，每次成立基金會，她就會拿著捐款箱要一人一元，被募款的人當然不會只給她一元，所以她的基金會都有不錯的財源。

呂秀蓮後來當選台灣第一位女性副總統，傲視群雄，光宗耀祖，雖然她也因為319槍擊案受到了極大的驚嚇，但她都熬過來了。現在的她勇於批評時政，讓民進黨及當權者不喜，所以已不在民進黨的決策核心了。

我最近看到呂秀蓮是在林口的呂秀蓮文物館，當時我帶了一位年輕的導演一起去，導演是台灣人，在北京中央電影學院受過訓，呂秀蓮可不像一般老人，只講自己從前有多棒，她很認真的問了年輕導演很多事，說明了她的求知慾還是非常的年輕、旺盛。

台灣何其幸運，有她這樣有良知的智者，用她火炬般的目光，觀察、監督及導航台灣。感謝有你，呂秀蓮！

邱彰

2021年於舊金山

我所認識的憶呂秀蓮

擁有雙料博士的摯友邱彰，來電問候並提起她目前正執筆寫作，以留下美國華人女性的歷史紀錄，她立志錄寫百部口述歷史，令老農我從心底敬佩，也使得這一輩子從未執筆作序的我，無法推辭答應寫序，況且呂秀蓮也是老農多年來的女性戰友。

因「美麗島事件」入獄的傑出女性呂秀蓮，一九八五年期間由於江南案的美國律師以及國際人權組織的協助，以保外就醫與人權考量為由，申請假釋獲准提前出獄。隨後她與同行照應的姊姊呂秀絨一起赴美來到北加州舊金山灣區，安排到史丹佛大學醫學中心就醫，並在我們家中做客短暫停留。

我曾經說過，只要是被國民政府關過政治牢的台灣人，都隨時歡迎暫住在我 Saratoga 的家中，當時經過虎尾同鄉張富美的介紹，知道呂秀蓮曾留學美國哈佛大學，榮獲碩士學位，後因中華民國即將被迫退出聯合國，她放棄進修博士的獎學金，回台參與社會運動，並將美國的民主觀念及男女平等的先進思維引進故鄉台灣，大力提倡新女性主義。

她來美的第一天晚上因為時差的關係睡不著，老農我為了盡地主之誼與她深談到凌晨。我們從人權、男女平等、政治理念、文學著作、黨外民主運動等無所不談。剛開始時話不投機，彼此都覺得對方太過跋扈、自以為是，尤其是身為現代女性的她，很難相信在講究兩性平等的美國，一向以大男人自居的廖萬夫竟然還能在這裡生存至今？也質疑從事海外民主運動多年的老農我，在自己家中所謂的民主又在那裡？要不是我念及呂是故鄉來的遠客，而且體諒她對台灣民主運動付出了那麼多的犧牲與貢獻，我們可能會互不相讓，爭得面紅耳赤。經過一個星期之後，雙方加深對彼此的了解，友誼漸入佳境乃至於投緣，如今已成為至交好友。

有一天呂秀蓮談到「江南事件」的始末，提及香港李怡的「七十年代」雜誌專欄，以及台灣主流媒體頭版頭條刊登有關「七封情報信」的報導，表示要拜訪江南遺孀崔蓉芝，並對崔的律師所提供的協助親自致謝。隔日我們就一起到舊金山漁人碼頭崔的禮品店去拜訪，那時崔蓉芝告訴我們，她已經正式向美國聯邦法院控告國民黨政府，並提出高額索賠，導致後來蔣經國先生向美方承諾，蔣家後代永遠不再介入台灣政治。

呂秀蓮自從選上桃園縣長及擔任副總統後，事必躬親，自己也有很多看法，點子多、腦筋轉得又快，而且深諳國際事務，與陳水扁的深沉寡言、充分授權、分層負責的個性，是最適當的正副總統組合。

說起公元兩千年的台灣總統大選，應該是張俊雄的首先排除萬難，在全代會上廢除了民進黨所謂的「兩年條款」，並推舉陳水扁正式成為民進黨總統候選人，其功不可沒。在徵詢副總統人選時，呂秀蓮向我提起「兩性共治」的構想，認為可以提昇婦女在投票時的自我意志，我覺得很不錯，這個想法也獲得陳水扁夫人吳淑珍的支持，於是陳呂配成形。

當時在李總統堅持廢省的氛圍之下，氣勢如虹的省長宋楚瑜，如果直接轉戰參選總統簡直易如反掌，就連剛上任的十三位民進黨籍的縣市長也都一致看好他，當時唯有宜蘭縣長劉守成答應民進黨黨中央，他在下班後，才會支持民進黨總統候選人。

陳呂配一開始時民調低迷、並不被外界看好，後來選情逐漸加溫，民調也蒸蒸日上，我以為最後勝選的因素頗多，但其中最重要的兩大原因如下，第一：李遠哲團隊的全力相挺，並提供治國方案、政策白皮書等，令一般選民對於民進黨執政中央的信心遽增，第二：當時李登輝為國民黨候選人連戰輔選從無二心，透過立委楊吉雄揭發並栽贓所謂的「興票案」，使宋楚瑜在第一時間無法直接說明原委，對選民作出清楚的交待，結果是陳呂配以三十多萬票之差意外險勝。李登輝無心插柳在先，造就陳呂配柳成蔭的結果，不僅是天意，更是台

灣民主選舉史上的一大奇蹟。

　　回顧呂秀蓮任桃園縣長期間，老農我也曾參與促成桃園縣與美國加州阿拉米達縣締結為姊妹縣事宜。當時她以縣長身份率團前來簽約，一行五十餘名，包括議長林傳國和縣議員多人。在簽約的前一天，因為拜訪舊金山市府並不順利，導致議員們對美方的態度頗為不滿，眼見隔天正式簽約儀式岌岌可危，還好加州政府的董處長及老農我居中協調，排除萬難，終至皆大歡喜、圓滿閉幕。事後呂縣長及林議長也特意對當時參與結締的鄉親們能夠忍辱負重，以大局為考量的作為，表示欣佩及感謝。

　　二零零四年六月初，呂副總統率團出訪薩爾瓦多，回程經過舊金山灣區，安排科技之旅的密集活動及行程，她雖經長途跋涉，仍然不忘問候北加州好友，訪談途中她多次表示，雖經多年牢獄之苦，身體欠佳，但因為擔任副總統，每天工作忙碌，反而沒有時間生病。

　　欣見邱彰律師撰寫的美麗人生：呂秀蓮時空博物館，預祝這群傑出的台灣女性貢獻己力，為台灣人創造永世之福。

政論家 廖萬夫

目錄 CONTENTS

1. 在哈佛的日子 13
2. 謝里法的油畫 14
3. 中美建交，選舉中斷 15
4. 20年後，嗆聲卡特 15
5. 推廣新女性主義 17
6. 反制人身攻擊 22
7. 寫書以療癒 22
8. 開辦國際會議及婦女館 25
9. 辦美麗島雜誌 30
10. 高雄一場改變命運的演講 33
11. 美麗島舊照 35
12. 我哥哥在美麗島大審扭轉乾坤 36
13. 美麗島大審 39
14. 江南案孔傑榮律師拔刀相助 43
15. 終於出獄 45
16. 憶獄中學打毛線 45
17. 思念母親及家人 48
18. 國際特赦組織的營救始末 51
19. 當選立法委員 55
20. 被徵召選縣長 56
21. 辦小秀才班 62
22. 辦秀才學校 67
23. 九二一大地震 69
24. 致力於社會議題 70
25. 其他縣政上的努力 73

26. 被總統選舉團隊看上 74
27. 三一九槍擊案，震撼國際 77
28. 陳呂配勝選 81
29. 槍擊案前，老天暗助 82
30. 當選後的驚濤駭浪 84
31. 為什麼兇手找不到？ 88
32. Lester Wolff 領銜制訂「台灣關係法」 ... 89
33. 推動台灣加入聯合國 92
34. 舉辦世界和平大會 94
35. 舉辦世界婦女高峰會 95
36. 廣設獎學金 96
37. 救災、救災 97
38. 人權不是口號 98
39. 盼台灣成為中立國 100
40. 和平轉移政權，Happy Ending! 101

呂秀蓮的私人珍藏 102
　獲頒各國獎章 102
　蘭嶼 106
　巴拉圭 108
　舉辦世界和平大會 110
　福建漳州 111
　瓜地馬拉 112
　兩張副總統當選證書 113
　獲頒榮譽博士 113
　結緣達賴喇嘛 114
　卡斯楚 115
　柯林頓 116

美國德州	118
哥斯大黎加	119
阿拉伯親王	120
甘比亞人的彈珠	121
多明尼加及海地	122
台灣原住民的工藝品	123
馬紹爾、索羅門	124
波斯灣共同發展基金	125
紐約的銅雕	126
宏都拉斯的木雕	127
阿扁的匾額	127
呂秀蓮的友情聊天室	128
與邱彰敘舊	128
憶黃信介	131
憶陳菊	133

美麗人生---呂秀蓮的時空博物館

1. 在哈佛的日子

　　我在哈佛大學唸書時，根據我做研究得出的結論：美國一定會跟台灣斷交！當時台灣在戒嚴，言論不自由，報紙都只能報喜不報憂，台灣人不知道外面的情勢很不好，所以我決定在那個年底回台灣參選立委，為國人分憂。

　　但在做最後的決定以前，我認為應該了解更多的台灣歷史，因為過去的台灣歷史幾乎都被國民黨扭曲了，為了打贏這場選戰，我花了整整三個月在哈佛大學圖書館整理跟台灣相關的史料，資料雖然不多，但我還是下了一點功夫。當時有幾位台灣同鄉來幫忙，包括畫家謝里法，他特別從紐約來，替我拍攝很多歷史資料，包括我在哈佛的照片。

　　1978 年，我回到台灣參選，才選不久，美國就宣布跟台灣斷交，蔣經國總統立刻喊停這場選舉，我們就沒得選了。

　　一年後，也就是 1979 年，台灣發生很多次黨外人士跟國民黨的衝突，其中最重要的就是「美麗島事件」--12 月 10 日當晚，作為那場集會最重要的演講者，我在三天以後被國民黨政權逮捕，那時全部逮捕 152 人，情節比較輕微的後來陸續被釋放，其中八位：施明德、黃信介、林義雄、呂秀蓮、張俊宏、陳菊、姚嘉文、林弘宣則接受軍法審判。

2. 謝里法的油畫

　　當時我的朋友 -- 美國加州 Orange County 的林衡哲醫師，他認為我們應該不會被判死刑，但還是請謝里法先生替我們這八人畫像留起來。謝里法曾替我拍過照片，所以他就以這張照片為本，畫了這張油畫。

　　我從監獄裡出來之後，和謝里法見到面，他說他在畫這幅畫時，心裡想這會不會是在畫我的遺像。林衡哲說他有信心，我們會活著出來，所以他就用五千美元把這幅畫買下來，謝里法說，只要有朝一日見到我，他一定要把這筆錢還給我，現在想起來還蠻有趣的。

3. 中美建交，選舉中斷

跟台灣斷交的美國總統是卡特先生 President Jimmy Carter。美國是世界大國，中國也在崛起，中美建交其實天經地義，想他們老死不相往來也不可能，只是，美國選擇宣布的時候，絲毫沒有考慮到會對台灣造成這麼大的衝擊，因為那時台灣正在進行一場中央民意代表選舉，包括國大代表及立法委員選舉，當時在戒嚴時代，難得聚集了一股有力的黨外氣息，顛覆了台灣人固有的形象：沒有骨氣、過度服從、聽話、害羞，這股清新的黨外氣息極有希望對抗執政的國民黨，形成強有力的監督力量。

如果我們能選下去，無論是國大代表還是立法委員，反對黨可能很快就會成形，遺憾的是卡特在我們投票前一個禮拜，突然宣布跟台灣斷交，卡特在那個時間點打擊我們，他的確完全不了解、也不關心台灣。

4. 20 年後，嗆聲卡特

在卡特宣布跟台灣斷交二十年後，他早卸任了，李登輝總統請他來台灣，還辦了國宴招待他。當天早上在台北凱悅飯店有一場公開演講，各界文武百官、達官貴人們通通去聽他演講，講完以後，有個 Q&A，我第一個衝到前面去。我說，「卡特先生，我等你二十年了，」他以為我一定是來感謝他的，他說，「Thank you，謝謝你。」我說，「你欠台灣一個道歉。」他嚇了一跳，我說，「二十年前，你做了一件事情傷害了台灣的民主，導致當年許多菁英坐牢，包括我自己，你應該給我們一個道歉。」

他沒有想到我突如其來的嗆聲，嚇了一跳，臉色發白，隨後立刻展現出一種傲慢，他說，「我不認為我需要道歉，我聽說以前你們很貧窮，政治體制又非常專制，可是這次我來看，你們都進步啦、也富庶啦，證明我當年的決策沒錯。」聽我這麼一嗆，全場譁然，媒體知道等一下李登輝總統要在總統府宴請他，還要授勳給他，可是他被我冷不防的一嗆，立刻跟蹌離開，司儀馬上宣布我們

演講會到此結束。

媒體當場就炸鍋了,我當時的身分是桃園縣縣長,沒想到密宗黑教林雲大師當時也在場。事隔不久,有一天林雲大師說要見我,他帶了這幅字:**畢竟蓮華不染塵,妙語連珠驚世人,縱使君民渾不解,一枝獨秀冠群倫**。對我來說,這首詩文情並茂,隱含的意思實在是太珍貴了,當場很多人應該還有印象,正好有林雲大師這幅書法來見證。

5. 推廣新女性主義

　　我在學生時代就愛好寫作，我寫的第一本書是*新女性主義*，那時我極力提倡新女性主義。我的一個朋友在**幼獅月刊**當總編輯，他是台大哲學系的碩士，他覺得我的理念很先進，他說會幫我出書，我將信將疑，因為幼獅是國民黨的，可是沒想到書真的出版了，而且這個封面在當時算是很前衛的設計。那時幼獅出版社的負責人是一個保守的國民黨黨工，他一看，「這還了得，這是離經叛道，顛覆中華文化傳統。」所以這本書立刻就被查禁了，我好不容易才拿到幾本，這是我的第一本書。後來因為時代演變，政治也解嚴了，我的這本書被解禁，之後還出了幾個比較豪華的版本。

 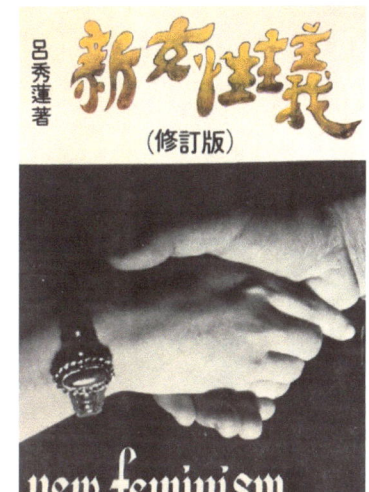

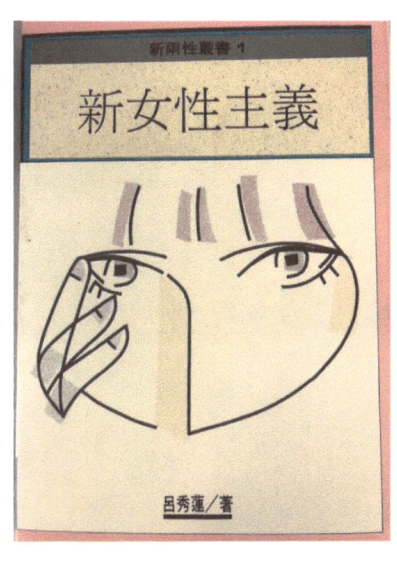 

這一本《她們的血汗，她們的眼淚》當時也是禁書，我覺得既然提倡性別平權運動，勞工、農民、甚至於從事性產業的女性，都應該關懷，所以這本書寫的就是勞工及農婦的問題。

書的封面是台灣傳奇畫家洪通畫的，我認識洪通，他很樂意幫我，他說，「啊，你要，你就拿去用吧。」他是一個非常樸實的歐吉桑。

《她們為什麼成名》這本書差點為我引來殺身之禍，因為在男性壓抑女性的社會裡，女性成名很難。經過我們出版社內部的一再討論，最後總算選出十位當時很有名的女性。有一位是白天大家不敢提她的名字，但晚上很熱門的，叫何秀子，她是當時最有名的老鴇，她經營色情行業，達官貴人晚上都會去找她，但白天都不敢提她，在有國外重要賓客來訪的時候，她更是做了很多昭君和番的事，我覺得研究女性主義就要對女性從事的各行各業去做了解，所以我把她也寫出來。

這篇書稿在編印的時候，官方審查的是李鍾桂女士，她那時是救國團主任，也是留法博士，學術地位很高。她一聽說這本書裡居然有何秀子，再經過國民黨黨工的搧風點火，她就打電話來罵我了，然後在媒體（好像是聯合報）痛罵，說我試圖利用這本書來提倡娼妓制度。那時還是戒嚴時期，她說如果我硬要把何秀子的故事放進書裡的話，她一定會告我。

儘管她那時已經動用官方的力量了，但我還是不完全妥協，最後我把這本書分成兩本，封面有藤田梓、林絲緞、瓊瑤、趙麗蓮、李鍾桂、白冰冰、楊麗花、薇薇夫人，我沒有用何秀子的照片。

在台灣社會演進的一個過程中，我還出了好多本書。這本是「*講沒完的政見*」，因為那場選舉在卡特宣布跟台灣斷交以後就不了了之，我個人覺得很不服氣，所以就把當時我們黨外候選人每個人的演講政見收集起來，書名是「*講沒完的政見*」，象徵他們才了講一半。

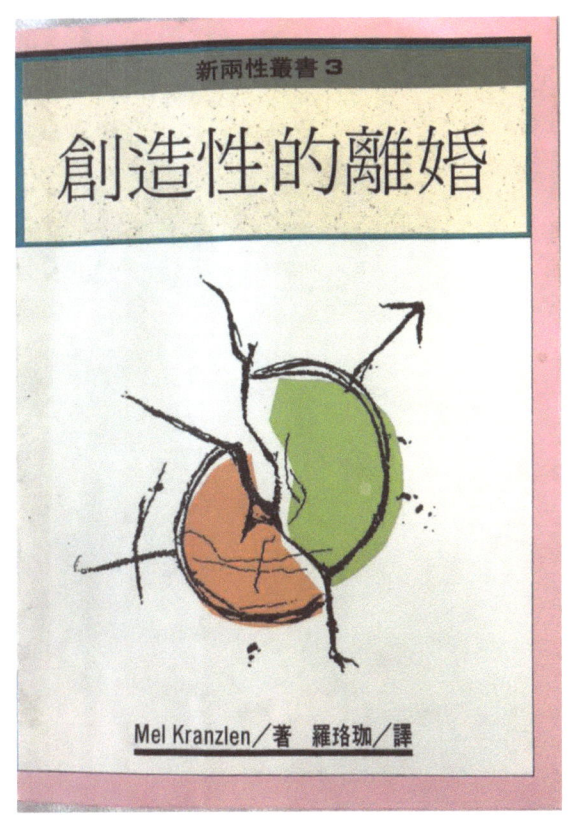
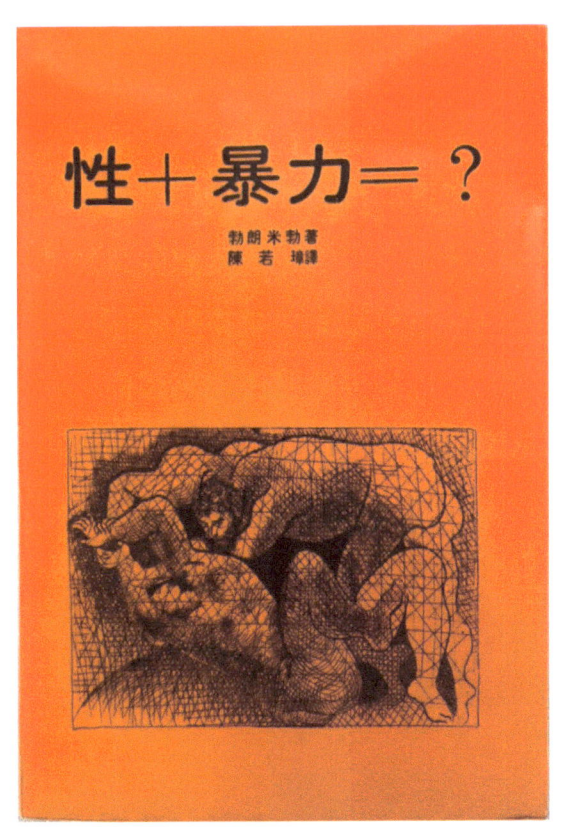

我再接再厲成立拓荒者出版社，每出一本就被禁一本，連翻譯的「*創造性的離婚*」也不可以，因為當時不能談離婚問題。我在中國時報有個專欄，叫「*拓荒的話*」，我的筆名叫拓荒者，反應不錯，後來也被禁，當時大概無書不禁啦。

這本書談強暴的問題，當然也被禁，我文雅的把書名稱為「*性＋暴力*」，我的書大概有一半以上被禁過，禁到我當時血本無歸。

那時我們的出版社共有三個人：施叔青、我、王中平，我們一人出十萬元，共三十萬元，去創辦拓荒者出版社。在推動的時候，很多傳統重男輕女的男性受不了，就寫信來罵我，導致我每天回家打開信箱前，先祈禱，有些信鼓勵我，有些信罵我，心臟如果不強一點，被罵了當晚實在難以入睡。

6. 反制人身攻擊

那時很少人會打字,也沒有電腦,所以要罵我都得親筆寫信。對人家罵我,我唯一的反擊就是讓他的真實筆跡曝光。記得有一個行政院的人,外表斯文,但寫起信來非常沒水準,他連寫了好幾封信痛罵我,都是真筆跡,我後來出書時一併刊出他的親筆信,轟動一時,嚇死他了,後來再也沒有人敢寫親筆信罵我了。

7. 寫書以療癒

我寫的書有寫女性主義的、有政治性比較強的,還有些書不是我親自寫的,但是我出版的。這一本是我坐牢的時候寫的《這三個女人》,我還寫了兩本小說。

我坐牢時白天被偵訊、疲勞轟炸,晚上被丟回囚房,一整天就隨便他們凌辱,四、五個人從早到晚罵你,問東問西,累個半死,我被抓的時候跟陳菊關在同一間牢房。

我們當時是突然被抓，來不及換衣服，陳菊穿著睡衣就被他們抓去了，我趕快披一件外衣，我那天穿著高跟鞋，所以在偵訊期間每天就穿著高跟鞋。

有時候他們火起來，就罰我站好幾個小時，偵訊結束了，裡面沒有報紙可看，這時我就想到自我療傷的方法：把我以前輔導過這麼多女性的故事用小說寫出來，也好自我復健。

我在牢中時，錢都由他們管，要什麼東西都得先告訴他們，由他們去買，所以我就買了紙和筆，那時候只有十行紙，早上買，晚上他們就要來檢查看我寫了什麼，他們說，「今天早上給你幾張紙，你交回來。」我很生氣的回答，「有一種紙我用完，你絕不會檢查的，就是衛生紙！」所以這本書有一半是用衛生紙寫的。我非常憤怒的是我形體被囚禁，你們還想囚禁我的腦子？

當初為了推動婦女運動，我辦了**保護你專線**，輔導過許多個案，在自我療傷的過程中，我拼拼湊湊的取材，透過三個女人去表現。這本書出版後，公共電視台把它拍成電視劇，很多人在電視裡看到她自己的影子。

我還寫了一本書《情》，我自己很滿意，出版後文學界也給了蠻高的評價。寫這本書的背景是我在坐牢時，透過報紙知道台大醫院的陳耀昌醫師完成了第一個骨髓移植。為什麼要移植骨髓？因為我們需要骨髓來製作新的細胞，如果一個人的骨髓不好，導致身體無法造血，身體就會垮掉，但如果能移植好的骨髓進來，身體就會變好。所以我靈機一動，想到骨髓移植好像是一場身體革命，必須引進外力，來改變體質，我就寫了小說《情》。

這本書描述的是一個底層的台灣傳統家庭，重男輕女，爸爸做水泥工，生了一個女兒，第二個是兒子，第三個也是女兒，爸爸認為唯一的寶貝兒子一定要盡力讓他讀書，當故事開始發展時，兒子已經在美國攻讀博士學位了。

那位犧牲青春來栽培他的大姊，過去當過妓女，後來也沒結婚，不幸得了血癌。她的妹妹只讀到國中畢業，爸爸就讓她就到工廠去做女工，只有唯一的

兒子被全家拱著去美國唸了博士學位，他的女朋友是美國人。

在這本書裡，我探討了妓女問題、勞工問題、女工問題，還有台灣留學生到美國後所受的文化衝擊。

到最後關頭，大姊需要骨髓移植，醫生發現弟弟的骨髓最適合她，所以弟弟在掙扎要不要回來，他的女朋友同意不同意和他一起回來，或是他要放棄姊姊。這個故事隱含的意義是，台灣已經發生非常大的問題了，有幸留學海外的留學生，你們要不要回來捐骨髓？你們要不要幫台灣進行一場民主革命？這是我的用意。這也是我自己比較滿意的一本書，非常希望有一天能拍成電影，這些書都是我生命的櫥窗。

8. 開辦國際會議及婦女館

我是台灣第一個從事婦女運動的人，婦女運動延伸到現在，我把它跟國際結合了！所以在推展的過程中，我舉辦了*世界和平婦女會、婦女國是會議*。

一般國是會議很少邀請女生參加，參與者大部分都是男生，但我創辦的*婦女國是會議*除了談婦女問題，還從女性的觀點談國是，這個會議共辦了六次，從我當桃園縣長 1997 年開始，六年之後就無疾而終了。

我的英文名字是 Annette，我從小就覺得台灣很小，所以長大以後一定要出國，一定要跟國際接軌。我高一時開始交筆友，全盛時期在世界同時擁有九個國家的筆友。在北一女時，其他人拚命念書，我則是瘋狂的跟九個國家的筆友寫信，也因為這樣，我的視野從小就超越了台灣。我第一個筆友是美國人，我說我很想要一個英文名字，他就給我取 Annette，是法文，以後就一直沿用下來。

我當了桃園縣長以後，除了*婦女國是會議*，我覺得還應該為女性蓋一個*婦女館*。當時在桃園後火車站有一個公園，我在公園旁邊蓋了座很大的*婦女館*，全館提供婦女使用。

當年在編列預算時，有一位議員反對，他說，「哪有什麼特別為你們女性蓋個館的道理，我們男生不能用啊？」我說，「就是不能用，因為所有的館都是你們男生在用，為女生專門蓋一個館天經地義，因為我們也是納稅人！」吵了半天，後來終於讓我蓋成了。

這個館有兩棟大樓，裡面各有演藝廳，可以容納七百人，有餐廳，最重要的是有圖書館，婦女可以來借書、來諮詢，在大大小小的會議室裡可以舉辦各種活動。那時候桃園縣政府社會局在下午的時間都會請一些律師來免費諮商。這是全台灣唯一的婦女館，後來我帶很多外賓參觀，他們都嚇一跳，他們說好像很少國家有這麼大規模的婦女館，後來我還在館裏邀請許多國家的女總理座談，一起探討世界和平的理念。

2011 年 3 月我在張榮發基金會舉辦「*台灣女人起飛*」嘉年華，我把重要的國際職業婦女組織引進台灣，很快的我們就吸引了很多行業的專業婦女來參加，我也爭取到主辦亞太會議的榮譽，我要把台灣女性從廚房帶出來，帶進社會，走向國際。

其實婦女問題最大的問題還是政治問題，如果我們不能突破世界上所有專制的體制及獨裁，婦女運動的發展也會極其艱辛。從美國跟台灣斷交緣起，我就開始研究台灣的過去、現在、未來，直到今天。

9. 辦美麗島雜誌

美台斷交以後,我們創辦了*美麗島雜誌*,出版了一、二、三、四期,每期出來還不到兩天就被查禁,我們就拼命發行地下版,越禁越旺,錢也越賺越多。每出一本,很多縣市的 *美麗島雜誌社服務處* 就成立了,我們就利用這個機會辦演講、辦活動,所以每一期的禁書都讓我們收入大增,有了一定的經濟條件,我們就開始想成立自己的政黨,這在當時是被國民黨嚴禁的事。

在我被捕坐牢以後,國際上展開了很多救援活動,**當時除了國際特赦組織 *Amnesty International* 之外,有很多的國外組織在幫忙。國際特赦組織** 總部設在倫敦,在全世界很多國家都有分支機構,當時特赦組織的期刊有報導我,說我的 Spirit unbowed(精神永不妥協),"I let them know that a prisoner is deprived of her freedom but not of her dignity."(你監禁了我的身體,但你不能侵犯我的尊嚴。)

下面這張卡通的封面是象徵我坐牢時，每天都盼望陽光。這一本書寫的是高雄事件，沒有被沒收。

10. 高雄一場改變命運的演講

在 1979 年高雄事件發生的晚上，我幾次應民眾的要求上台演講，他們喜歡聽我演講，但我才剛講幾句話，催淚瓦斯就來了，所以我就下台來，等到比較安定的時候，他們又要我演講，所以我成了當天晚上最主要的演講者，其他人上台一下子就被打斷了，我講的時候全場鴉雀無聲，足足講了二十分鐘。

一直到現在，還有很多人提及他們剛好在現場聽我演講。我後來籌建一個故事館，還在籌備階段，就獲得第一桶金，捐款者是位我到現在還沒見過面的男士，他當時在中鋼上班，聽了我的演講後很感動，後來他事業做得很好，知道我要成立這個館，就捐一百萬元給我，他說他的台灣意識就是聽我演講啟蒙的，像他這樣的故事我還有很多。

11. 美麗島舊照

　　這張舊照的地點是在仁愛路及新生南路交叉口，現在這棟大樓還在，叫「百齡大廈」，已經很舊了。美麗島事件發生之前，我們的雜誌社就在樓上。有一天突然臨時被叫到樓下去一起拍照，黃信介、姚嘉文、林義雄、許信良都在，這張照片拍完不到一個月，我們就通通坐牢，現在看到照片真是很感慨。

　　雖然說有那個坐牢才有今天的政局，可是對林義雄來講，他家發生了血案，母親和雙胞胎女兒被殺，代價實在是太大了。

12. 我哥哥在美麗島大審扭轉乾坤

我留一張我哥哥、姊姊和嫂嫂的照片。我哥哥其實在美麗島事件中扮演重要關鍵角色，外界不太清楚。我們一群人被抓去關，與世隔絕那麼久，真是生不如死。

哥哥呂傳勝、嫂嫂、呂秀蓮、姊姊呂秀絨

有一天我們突然被通知要開庭了，開庭前一天我們才第一次跟外界接觸。我哥哥、姊姊來看我，哥哥說，「明天開庭很重要，因為這是件國際注目的大案子，所以國民黨會找最好的法官來，你要有信心，你是學法律的，你知道哪些是合法，哪些是非法。」他講這話的時候前面有錄音器，所以他用手比，問我有沒有被打，我說沒有，然後他就比，問他們有沒有對我做出不合法的事，我說當然有，但我也不敢講太多。

他說,「那你晚上好好想,明天在法庭上有最好的法官在那,你應該把你的委屈統統講出來。」假如他不是我哥哥,而只是一般律師的話,這話我不敢聽進去。其他被告的律師我們都不認識,他們都是國民黨安排的律師,如果是那些律師叫我明天翻案,我豈不是死定了?但因為他是我哥哥,我知道他不會害我,他這麼講一定有意義,所以我那晚就拿了衛生紙,囚室裡面沒有桌椅,我把臉盆翻過來,靠在膝蓋上寫大綱,以免明天漏講什麼重要的。我知道被告在法庭上有最後陳述的機會,經過哥哥的啟發,我趕快回想那些事是不對的,我就密密麻麻的用衛生紙寫起來。

第二天早上,我們被帶到法庭以前,都要先去打針,我們每個人都被打針,據說是補針,是要讓我們看起來不那麼精神不濟。我猜就是要讓我們的臉色稍微恢復一下,不然的話,關在裡面我的臉很憔悴、浮腫。

第一輪問話的時候,我背後的人都呆若木雞,嚇壞了,哪還敢講什麼話,大家都說獄方對我們很好。我想我一定要在法庭上翻供,陳菊在我後面,我不知道她的律師跟她講什麼,我也沒辦法跟她溝通。可是我臨時起意,要進去法庭以前,我就大聲喊,「陳菊,上廁所!上廁所!」因為我知道女生廁所是連在一起的,她聽到了,所以等我上廁所時,她就跟著上廁所,我跟陳菊說,「該講的話要講,我等一下要講這些話,你跟著我講這樣。」我給她打氣。

在法庭上,起先那個檢察官說他們一切依法行事,他們對被告都很好,被告都是高學歷的。我哥也起來問話,細節我不記得,但在我的書上有寫。他說,「我最近去看我胞妹呂秀蓮,她看起來好像不太對勁,所以請庭上問她在這段被羈押期間,生活是怎麼過的。」

檢察官認為獄方對我很好,因為他不知道真正負責偵訊的不是檢察官,而是調查局,所以當檢察官說,「沒有啊,我們對她很好啊。」我哥哥就說,「你們是不是讓被告講些話?」因為我前一天晚上已經思考了,還用衛生紙先寫好,所以我就站起來滔滔不絕,我說,「他雖然沒有真正對我刑求,不過有比刑求

更厲害的手法。」哇，這一下全場都震撼了，然後我就舉例什麼移花接木的一些手段，在我後面的那些記者聽了很感興趣，他們的耳朵都豎著，連法官都沒聽過我講的這些話，我在講話的時候，其他的律師及被告們都很興奮。

比較遺憾的是當我正要講最精彩的時候，林義雄的律師插話，我乾脆說，「那請庭上也問問林義雄他的遭遇怎麼樣。」我講的話就起了作用，美聯社馬上發一個消息，說我在獄中受到不人道的待遇，那時的新聞局長宋楚瑜非常生氣，就把美聯社的記者給驅逐出境了。

在我陳述之後，被告的律師就開始一一的請庭上詢問被告，問他們有沒有這樣的遭遇，被告一聽說呂秀蓮早上已經翻供了，立刻受到鼓舞，就開始講他們所受到的不人道待遇，輿論都憤慨了！

最早在我們剛被抓時，整個社會先是非常的驚慌，然後非常沉默。警總三不五時就會把記者都找去，說我們的壞話，說我們不愛國家、主張台獨、要跟中共結合，他們說台獨就是中共，我們這群人都是江洋大盜，會亂編故事，

等我們站在法庭上義正詞嚴時，那些記者才發現在過去一個月裡，他們只聽到警總的報告，政府叫他們報導什麼他們就報導什麼，跟他們今天在法庭上聽到的完全不一樣，那時有些報紙還不放心，像是中國時報一開始還有點緊張，但自立報系、南部的台灣時報，就完全照我們的敘述報導，第二天一大早報紙都被搶光光。

13. 美麗島大審

在我們審判的那一個禮拜,聽說家家戶戶都不只訂一種報紙,大家都是一字一字的看完一張報,再拿別的報來看,唯恐遺漏了什麼,所以當時的報紙大賺其錢,每天都多印很多份,幾乎衝破了報禁。

美麗島大審給了媒體一個鼓舞,讓他們領悟到媒體要憑良心,不能聽到什麼就報導什麼,不能因為接觸不到我們,就全盤接受調查局及警總每天公布的對我們不利的消息。

一個禮拜開庭下來,我記得我哥哥最後在法庭上講,「審判長,你這幾天在法庭裡審判八位被告,別忘了社會在審判你們,社會在審判大家,明天的歷史會審判我們。」這段話講得很好,後來被好幾個律師不斷的引用。

據說本來有六個人要被判死刑,那時有很多國際壓力禁止台灣這麼做。我出獄以後,有個警總背景的人很同情我,私下跟我說,國際輿論非常關心這件案子,而蔣經國原來收到王昇的報告,說我們都是江洋大盜、壞份子,不學無術,後來一看不對啊,八人裡面有六人是台大畢業的,連蔣經國都覺得怪怪的。

作家陳若曦在兩岸都很紅,她從美國找了海外27位作家聯名寫信給蔣經國,為我們伸冤,陳若曦回台灣時就把這份連署信給蔣經國。蔣經國第一次跟她見面時,拍桌子痛罵美麗島壞份子,他說這些人就是搞叛亂。

陳若曦在見過他以後,自己到高雄三天,訪問了很多人,回過頭來她再要求跟蔣經國見面,見面時她用了八個字來形容,「報告總統,我這三天在高雄現場訪問了很多人,我得到的印象是:未暴先鎮,鎮而後暴。」蔣經國聽了以後震怒,拍桌子站起來,這次震怒不是針對她,而是生氣自己被下面騙了,所以他說,「好,給我真正的審一下。」

當時電視及錄影還沒有那麼普及,但我們的審判全程錄影,早上審完,錄影帶就被送到總統府,蔣經國看了一部分就知道他被騙了,原來的設計是我們六個人要被槍斃,包括我,後來他看了審判、聽了我們講的才知道事實真相,救了我一命,這在我那本 *《重審美麗島》* 裡有寫。

在我們審判確定的兩年後,警備司令部總司令汪敬熙下台,他的親戚李煥、王昇通通下台,王昇被外放到巴拉圭,蔣經國這時已經知道他身邊的人都在騙他。

那一次我被判12年,施明德被判無期徒刑,後來他得到減刑、假釋,可是他假釋的條件是,「你出去後不能犯任何罪,哪怕6個月的罪,你還是得回到無期徒刑。」黃信介是14年,因為他是領頭羊,我們其他人都是判12年。

高雄事件中我20分鐘的演講很精彩,那時候有錄音,後來整理、收錄在我的書「**重審美麗島**」裡,很多人聽了我的演講被我感動了,我不知道當時是哪來的膽子。黃信介在下面聽,「哇!這個女孩子膽子這麼大,說那麼多話。」

在美麗島事件現場大鬧的是施明德,等到鎮暴車出現,施明德跑到警察局裡去理論,結果他再出來時,我們整個隊伍都離開了,他找不到我們隊伍,很多人都腳底抹油跑掉了。

呂秀蓮

重審美麗島

審判官們！今天你們在法庭上審判八名被告，別忘了，全國同胞在外面審判你們。而明天，歷史會審判你我大家。

——「美麗島事件」辯護律師語

　　我坐牢坐了五年半，後來因為保外就醫提前出獄。我出來以後的第一件事就是營救陳菊，她晚我幾個月出來，陳菊出來沒多久，1986年林弘宣罹患淋巴癌，2015年過世了。八個人當中，林弘宣最倒楣，他最默默無名，警總只是在他的抽屜裡找到一封台獨聯盟給他的信，就把他跟台獨聯盟連結了，然後又把他跟共產黨連在一起。

　　黃信介、施明德、姚嘉文及張俊宏稍微晚一點出來，張俊宏關了八年，林義雄是第一個出來，我是第二個出來。

14. 江南案孔傑榮律師拔刀相助

江南案發生在 1984 年，當時在美國轟動一時，後來在台灣法院開庭，江南的遺孀崔蓉芝委託了孔傑榮律師 Jerome Cohen 替她在台北出庭。孔傑榮一想，這樣他可以來看我，因為我坐牢之後，他一直努力想救我，但國民黨不讓他入境。

1978 年我在哈佛唸書的時候，是孔傑榮給我的獎學金，準備讓我先唸碩士、再唸博士，可是當我發現美國準備放棄台灣，跟中國建交時，我很緊張，「我是再讀下去呢，還是回台？」我就去找孔傑榮商量，「老師，我現在有一點掙扎，我知道台灣局勢不好，所以我想回去參加年底的中央民意代表選舉，可是你又給了我獎學金，我應該好好唸完學位。」他馬上跟我說：「You are nobody here. But you maybe somebody at home. Why not go home for your country?」（你在美國默默無名，你在台灣卻是號人物，為什麼不回台灣去貢獻國家呢？）我說：「Well, I might be in trouble when I go home.」（我可能會有麻煩）他回答：「I will wait for you in Taipei.」（我會在台北等你！）他講完這話，我們都哈哈大笑。

後來我真的回來準備參選，但卡特總統在選舉投票前一週宣布與台灣斷交，我還因此坐牢，孔傑榮覺得都是他的錯，他當時為什麼不阻止我，還鼓勵我回台灣呢？所以他一直努力來營救我，可是國民黨不讓他入境，一直等到江南命案發生了，馬英九那時是蔣經國的英文祕書，他知道棋子現在在孔傑榮手裡。

孔傑榮代表崔蓉芝來台灣開庭，他說台灣必須對他好一點，否則他可以要求天文數字的賠償，或是在國際上控訴台灣政府幕後指使竹聯幫去美國殺人，台灣會很難看，所以蔣經國就指示要處理好孔傑榮的要求。

我那時雖然還在坐牢，可是已經可以看報紙了，我看到孔傑榮來了，我想有沒有機會見到他？結果有一天早上七點多，監獄管理員說：「呂小姐，你趕快把衣服穿好，我要帶你去三總檢查，因為你有癌症。」我只有聽命了。九點

鐘我被帶到三總，院長來接我，我椅子都還沒坐下，他就說：「有一位美國的教授想見你，你願不願意見他？」所以根本不是帶我來看病。

他們把我帶到一個客間，在客間門口看到馬英九站在門旁邊，他那時是蔣經國的英文祕書，他很客氣的叫我學姊，「學姊，學姊，孔傑榮教授來台灣，想要跟你見面。」孔傑榮一看到我型容憔悴，眼淚就掉下來，他一直跟我道歉，他說：「那一年你問我要不要留下來，我真的不應該叫你回台灣，你果然吃那麼多苦。」他說：「這六年我一直想要來，都被拒絕，這一次如果不是為了江南案，我根本不可能來。」

他說他今天下午就要回美了，他跟馬英九說他有一個好學生呂某某，能不能安排讓他見她一面？馬英九說：「有點困難，因為我們的規定是外國人不可以到監獄去，呂秀蓮現在在監獄，不過我會去請示一下。」馬英九趕快跟蔣經國報告，因為他知道孔傑榮握有的尚方寶劍就是江南案。孔傑榮說，大概他開口後兩小時，馬英九就打電話來，「本來是不可以的，因為規定外國人不可以探監，不過我回去請示後，蔣經國知道呂秀蓮生病住三軍總醫院，所以如果你願意到醫院見她，明天早上我就安排你去。」

真是活見鬼，我沒有住三總啊，他們是一大早先騙我去三總，然後安排孔傑榮來見面，不過這個善意的謊話也不錯，我們見面時百感交集，我掉眼淚，他也掉眼淚，他一直自責，「我那一天要是真把你留在美國，你就不會受這個苦了。」他傍晚就坐飛機回美，一個禮拜以後，獄方就通知我可以回家了。

15. 終於出獄

我回家以後記者們來找我,「我們接到消息,上個禮拜你就應該回來了,我們很早就做好準備要來採訪你,結果等了一個禮拜。」我說:「國民黨要面子,如果因為孔傑榮來見我一面,第二天就放我,那不是擺明屈服於美國的壓力嗎?本來沒有孔傑榮的要求見我,在他回去以後,他們就會放我,但因為他要求見我,所以他們多延了一個禮拜。」後來我跟孔傑榮講:「你欠我一個禮拜,你害我多關一個禮拜。」

馬英九也在哈佛唸過書,可是他不像我是直接選孔傑榮課的學生。孔傑榮很愛護學生,哈佛有一個東亞研究所,他跟東亞各國的學生都很熟,他疼學生是有名的。

16. 憶獄中學打毛線

人的潛力在關鍵時刻就會被激發出來。小時候我大姊是女工,很會做手工藝,她也很會打毛衣,我常常纏在她膝旁撒嬌,但我沒有花工夫去學。後來美麗島事件發生,我被抓去坐牢,前面 10 個月日子很難過,每天都要面對偵訊,可是偵訊完以後更難過,因為沒事做,沒人陪你,沒電視可看,沒有報紙,什麼都沒有,所以我姊姊擔心我會發瘋,她去跟獄方吵,「你們是不是要讓我妹妹發瘋,你們不准我帶書,收音機也不能帶,什麼都不行,我家裡有很多毛線,你就讓她玩一玩來打發時間吧。」後來他們終於准許姊姊把一堆一堆毛線送進來了。

我起先不曉得怎麼做:一根勾針,一堆毛線,一個本子,我姊姊說:「不管你怎麼做都不重要,最重要的是要動動腦子,不要發瘋就好。」沒想到我熟能生巧,從最簡單的做起,慢慢就做出不同的 style,很多服裝設計師看了都嚇一跳,說我竟然能在獄中無師自通。

這三件我織了一陣子，那個粗毛線的應該比較快，這個細的就很慢，但是我自己很得意。

那一件墨綠色的我曾經帶到美國去，那時剛好民進黨成立，台灣會館有個募款餐會，我就拿了一件去捐，把義賣所得捐給民進黨。一位珠寶商花 6000 美元買下，大家都很感動，我當場就把衣服給他了。沒想到第二天他到我的旅館說：「這個我不能放在家裡，這是和氏璧啊。」他就把衣服還給我了，我很高興，當年 6000 美元在民進黨也是蠻大一筆錢，而且衣服還物歸原主。

在漫長的坐牢時間裡，有相當一陣子，我晚上會做環遊世界的連環夢，在夢中一下子到了這個國家，一下子到了那個國家，醒來後細節記不得了，可是覺得很過癮。在這樣的情境之下，有一天我忽然很懷念沙漠，所以我馬上繡一個東西出來，「夕陽沙漠，仙人掌」。你看，這是我臨時想到做的包包。

下輩子我不搞政治了，我要做設計師。

17. 思念母親及家人

　　我坐牢後最辛苦的是我大姊，因為我沒結婚，所以沒有配偶、子女來探望我，只有兄弟姊妹可以來。那時大姊過生日，我沒有東西送她，我就臨摹了一幅日本仕女圖，我用亂針繡。大姊現在過世了。

　　想到母親我就很難過，我母親屬雞，高雄事件的前一天是她71歲生日，我本來要回桃園好好慶祝她的生日，結果在高雄事件的前三天開始，國民黨就派一個專案小組來盯我們，好像叫1206專案，從12月6號就開始了，我們這幾個「要犯」都有一組人跟監，他也不怕我們發現，一輛黑頭車，裡面大概3男1女。

1979年12月9日是我媽媽生日，8日晚上我回到桃園，情治人員一路跟著我回家，他們的車子就停在我家門口，第二天早上親友來看我媽媽，給她道喜，情治人員把他們一個一個照相，我很火，就跟他們吵，「我媽媽跟你們有什麼關係，你這樣做會干擾到每一個來的客人！」他們不理我。

　　12月9日鼓山發生事件，美麗島的志工被抓去毒打，我原先並沒有要去參加高雄的活動，就因我們的志工被打得很慘，所以第二天早上，張俊雄的妹妹張美貞就一直打電話給我，叫我一定要去高雄。當時我是美麗島的副社長，社長許信良在美國，她說高雄那邊可能還會發生很多事，所以我才臨時決定要去。

　　我媽媽生日那天晚上，我沒辦法留下來，我偷溜去高雄，沒想到再也沒有機會跟我媽媽見面了。家人告訴我，電視上突然宣布高雄大暴動，已經逮捕了第一個人，就是呂秀蓮。我媽媽一聽，整個人就昏過去，然後右腿就跌斷了，她被送到長庚醫院。我被抓進去以後大約兩年期間，我只要想到她的慘狀就不停的以淚洗面，她因為腳斷了，也不能來看我了。

　　母親屬雞，是隻母雞，我們兄弟姊妹四個，是小雞。所以我畫了一隻母雞，旁邊有四隻小雞，然後我用手邊的粗毛線織，我繡得不是很好，我又從家人寄來的卡片裡，找到「好久不見」四個字，把它們剪下來貼上去，送去給母親，聽說她哭得不得了，我知道她可能不久於人世，我要求獄方讓我去醫院看她一次，免得在她過世之後我只能奔喪，但獄方不准。

　　我乾脆開始絕食，我計畫絕食兩個禮拜。有一天，他們給我一張長庚醫院張昭雄院長開的證明書，說我媽媽經過療養，最近情況有改善，所以她在恢復健康當中。我看到了很高興，媽媽有好一點了，所以我就停止絕食，沒想到一個禮拜以後媽媽就過世了，原來他們是怕我繼續絕食而偽造的假健康證明書。

　　媽媽過世以後，獄方也沒有讓我知道，差不多隔了兩個禮拜，家裡有人來看我時，我才知道她過世了，她出殯的時候也不讓我回去奔喪，還編個理由說

根據他們的情資,許信良要在我奔喪的時候暗殺我,所以他們為了保護我的安全才不讓我回去,我知道這是絕對不可能的,後來我才知道那時國內外媒體,都希望在我媽媽的喪禮中可以看到我。

情治單位很害怕我出面時會對外界講些什麼,雖然在偵訊的過程中,我個人沒有遭到刑求,不過在那個過程中,他們曾用非常殘忍的手段對付我。很多人不知道國民黨過去怎麼對付台灣人、怎樣糟蹋人權,連親生母親過世都不讓我回去看,還用假的醫療證明書來欺騙我。後來每次我看到這一張圖,就淚如雨下,一直到最近幾年才比較平靜。

所以我要告訴大家,民主及人權是一定要珍惜的,這不是上天賜給你的,是很多人用身家性命、幸福換取來的,所以一定要珍惜。

18. 國際特赦組織的營救始末

我坐牢的時候，*國際特赦組織 Amnesty International* 來救援我，全世界有很多像我這樣受苦受難的人，我還算幸運，被他們列入積極營救的對象，後來我終於獲救了，我離開監獄時竟然是用保外就醫的名義，也就是說我必須裝著我還生病，不可以有太多的自由，不可以參加政治活動，等於又被軟禁一年。

當時在 New Mexico 大學，有一個台灣去的人叫做張希典，他是國際特赦組織小組的成員。美麗島事件發生後，他立刻獲知這個消息，在看到我的名字後，他就哭了。其實他並不認識我，他是在國際特赦組織開會的時候痛哭的，大家都覺得很奇怪，怎麼一個男生哭了呢，他斷斷續續的說，「我的國家台灣有一群菁英被抓了，你們看這個哈佛畢業的，是位女權運動者。」所以國際特赦組織開始對美麗島事件發生興趣，又因為我的關係，他們在經過討論之後，決定立刻開始救援。

他們做的第一件事情就是動員他們的小組成員，到人潮最多的購物場，舉起一些大大小小的標語說「*救援台灣*」，以我作標的，特別寫我是哈佛畢業的，美國人就很容易被吸引了。

那時國民黨正在跟全世界說我們是一群暴力份子，要大家不要支持暴力，不要去營救。張希典以我為例來說服美國人，他說我不是暴力份子，我是良心囚犯，請從營救呂秀蓮開始。他們很快就獲得了一千人的連署，派人送到美國國會，國會一看，哦，有呂秀蓮這個人，又有一千人連署，就反過來罵國民黨，宣布我們是良心囚犯，請國際特赦組織展開救援。

美麗島事件其他的受難者就沒有像我這麼幸運了，他們被遺忘了，雖然他們的身家性命也受到威脅，但沒有受到世界的矚目。這是一個時代的悲劇，我不責怪個人，我們不要別人再犯同樣的錯誤，所以我在八年的副總統期間，全心全力護衛台灣的人權。

現在我們國家正在做轉型正義，可惜當年的受難者現在年紀都大了，很多甚至都往生了，民進黨的當權者包括蔡英文總統本身，都沒有經歷過這些苦難，她也沒有興趣來了解這些，她甚至也沒有跟我打過招呼，她不知道我們當年所吃的苦。

我一生經歷這麼多，我無所求了，人生對我來說，最大的意義不是你是誰，我只在乎對與錯。所以從我卸任離開總統府，我就勉勵自己要做一個公道婆，凡事講公道，對的事我就稱讚，做不好的我就批評。我們最近總算通過**轉型正義條例**，凡事要先把真相搞清楚。

後來經過一些努力，出獄後我被准許出國，1986 年我到美國，正好是國際特赦組織成立二十五週年，全美都在慶祝，我變成一個鮮活的例子，因為國際特赦組織的營救，我才可以出來。所以在那一年裡，我成了它們的明星，在許多重大場合出現，剛好有一個場合是它們盛大的年會，我做主講人 keynote speaker，講完的那天 6 月 6 日正好是我的生日，所以他們當場就為我慶生。

等我以自由身回到台灣之後，我就投桃報李，把國際特赦組織引進台灣，但當一切都籌備好的時候，他們跟我說我的政治性太強了，叫我不要再參加它

Lu-Hsiu Lien (Taiwan)
photographed by Neil Selkirk

們的活動，以免讓他們遭到困擾，所以後來我就沒有參加它們的各種儀式。我知道台灣國際特赦組織做得非常好，但是年輕人大概不知道這是我引進來的。一度國際特赦組織的世界總部還要請我去那上班，我也去看過。

你看這個匾額：「*走出黑牢，我們幫您。邁向民主，您來帶路。*」這就是國際特赦組織的傳單，他們花了很多心血來營救我，我出獄了，還有一些其他人也一起出來了。

19. 當選立法委員

我從黑牢出來以後,參選立法委員,我很輕鬆的就當選了,我以前在選國大代表時,聽過我演講的人都記憶深刻,再加上美麗島的冤獄,所以我這次高票當選。

做了立法委員之後,我一心一意的要提升台灣的國際地位,所以我在三年的六個會期裡,全部參加外交委員會,而且有一半的時間做召集人,但是做了三年,我對立法院那種朝野對立、不問是非的狀況很不滿意,所以就決定不再參選了。

20. 被徵召選縣長

既然不做立委，我就全力推動「*台灣加入聯合國*」運動。沒想到 1996 年 11 月 21 日桃園縣縣長劉邦友被槍殺，還有 8 個當地的議員一起被殺，這個案子到現在都還沒破，就是這樣的因緣際會，我被民進黨徵召去選桃園縣長，也很快的就當選，八個月之後我又連任，還沒做完，就被陳水扁總統邀請搭檔競選副總統，這完全不在我的預期之內，所以我在桃園縣做縣長只做了一千天。

我接任桃園縣長的時候，大家都認為桃園縣是台灣最沒希望的一個縣，連縣長的命都保不住了，而且當地的管理階層貪腐、治安敗壞、垃圾亂埋，我接手時大家都替我捏把冷汗，說不知道我什麼時候會挨槍。

我下決心要在最短的時間內，先把垃圾問題處理好，我決定在桃園縣蓋焚化爐，這是亞洲最先進的一座焚化爐，它可以每天處理 2 百萬桃園人的垃圾，然後再把垃圾轉成供應 20 萬人的電力，它的投資是 54 億元，在 5 年之後全部回收，現在還在賺錢。

其他的縣市都是花納稅人的錢去蓋焚化爐，還請別人來營運，我一毛錢都沒花，我用的是 Build-Own-Operate (BOO)，其他人則用 Build-Operate-Transfer (BOT)，不一樣在這裡。

女性當家也很有意思。有一次我到醫院去巡視，有個年輕人一直跟著我，臉上很焦急，我就問他，「你一直跟著我，有什麼事嗎？」他說，「縣長，我太太在樓上。你能不能去看她一下？」我說，「你太太怎麼了？」他說，「我太太生產老半天，難產生不下來。」他是自由時報的記者。他說，「知道你今天要來巡視，你可不可以上去給她鼓勵？」我說，「那當然。」我就換了衣服上去探視，她的婦產科醫生說，「如果縣長是男的，我就不會讓他進來了。」結果我上去沒多久，給她一加油，嬰兒就蹦出來了，幾天前我還見到那個爸爸，他說，「我女兒已經大學畢業了。」

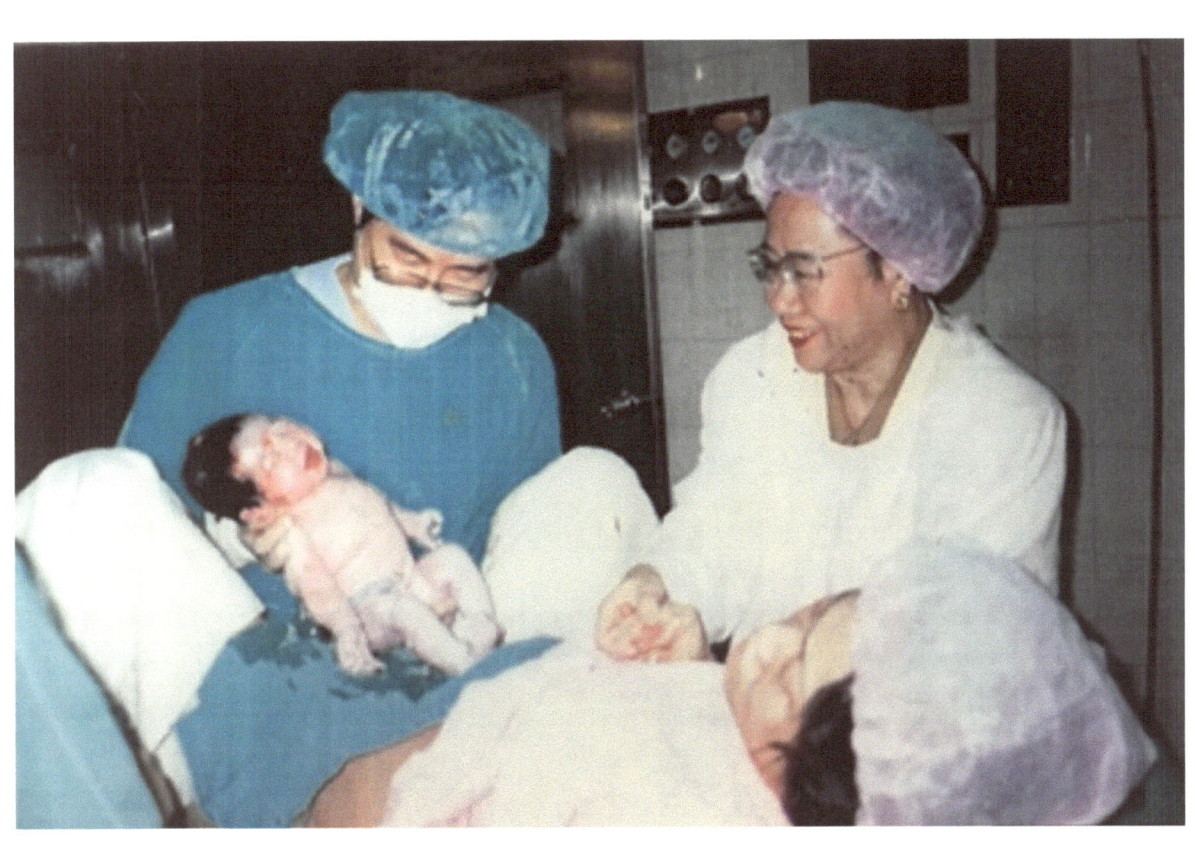

桃園以前的運動會都叫「*台灣區運動會*」，我那時覺得應該把它改為「*全國運動會*」，但改名有點麻煩，我乾脆創辦「*全國原住民運動會*」。

接下來的「*台灣區運動會*」，我把它改名為「*全國運動會*」。那時候體委會反對，但我還是堅持這麼做，結果我不但辦完這個，還當選副總統。所以做對的事情，就應該堅持下去。

社會力也很重要，我辦了許多民間社團、婦女會，像是「*全國婦女團體聯合會*」，我把全台灣七十幾個婦女團體結合起來組成聯合會，裡面有很多優秀人才。

新聞幕後

全球鐵娘子台北集合！

世界婦女高峰會議即將在台熱烈登場

台灣婦女運動組織將在下個月主辦全球最重要的婦女會議，卓越表現不讓鬚眉。

陳碧芬

台灣能帶國際性政治活動？在國家體質處處受到質疑之時，這似乎是個可望不可及的目標。

然而，全球最重要的婦女組織──世界婦女高峰會議，卻將一九九四年年會主動奉給台灣主辦。而不願父給同時競爭的日本大阪，台灣婦女在世界組織出頭地，使男性居多的政治活動相形遜色。

台灣婦女居亞洲上風

重點在婦女地位的「一九九四年第三屆世界婦女高峰會議」，將在今年二月中旬在台北舉行。這將是兩性的婦女組織第一次在台灣帶行。特別是由主辦單位主動要求台灣接辦，「這是國際組織肯定台灣婦女過去的努力」領導台灣婦運二十年的立法委員呂秀蓮說。始說，雖然台灣的婦女運動自一九七一年才提出，但是在國際上受肯定的程度幾與美國平行。

她以此次爭取九四年萬峰會議的過程為例，凸顯台灣婦女運動的重要性，原本接手意願十分濃厚的日本，主辦單位以其鼓吹「大男人主義」仍十分民風行為由，拒絕日本婦女組織的要求。事實上，世界婦女高峰會議籌備委員會要求台灣主辦，這要回溯一九九二年第二屆會議所促成。

放眼在愛爾蘭都柏林召開的會議，十四個卓越台灣婦女在團長呂秀蓮帶領下，就婦女的政治地位之議題，提出強而有力的分析，談謔主張最後被大會宣讀成國際主張，成為婦女高峰會讓的精神宣言之一，台國家社會的另一個努力，對大家都有好處」始說。事實上，為了表示對婦女運動的肯定，外交部極力開放外交困境，正式宣布全力支持該項會議，同時列名協辦單位。

呂秀蓮表示，世界婦女高峰會議是台灣跨出國際政治面貢獻國家社會的另一個努力，對大家都有好處。

國際婦女居政治上風

實際上，從歷次會議召開的觸媒女運動的功績，逐在全球記憶中留下深刻印象，主辦單位經此次經驗，為透露台灣能力群婦會議之希望，經去年八月中由十七個國家之婦女委員，專程來台勘察場地後，正式宣布台灣主辦一九九四年世界高峰婦女會議，並特聘呂秀蓮為該會主席。

世界婦女高峰會議集合全球傑出政經婦女代表，圖為第二屆會議于愛爾蘭都柏林舉行。

21. 辦小秀才班

　　我發現目前台灣社會的貧富懸殊還是很大,很多外籍新娘生下來的小孩、或是單親媽媽的小孩,他們的學習環境很不理想,當有錢人家小孩晚上可以上補習班,窮人家孩子回到家,連寫功課的桌椅都沒有,既沒燈光,也沒有人來指導,因為外籍媽媽都不懂中文的ㄅㄆㄇ。所以我起心動念,決定要在偏遠地區輔導他們的課業,有的輔導課開在廟會、有的在教會、有的在里長家裡,晚上開班,讓這些弱勢家庭小朋友晚上回家吃過飯、洗過澡,就可以就近上「小秀才班」,我這樣子推動,結果在全台灣成立了616個班,偏遠地區如金門、澎湖也都設了「小秀才班」,我沒從政府拿錢,我去民間募款。

2004年,我們的總統/副總統任期結束,本來我想競選總統,後來我發現民進黨內有好幾個人要我的副總統位子,黨內初選規則又很不公平,所以我就放棄參選了。我當時已經募了一點錢,既然不選,我就把募來的錢轉做「*小秀才班*」的推廣,後來有很多善心人士人積極響應,前後共有一萬六千名小朋友受惠,他們當中有很多是原住民的小孩、單親媽媽的小孩及外籍新娘所生的小孩。

經過六個學期的輔導以後,學校反映「以前不愛讀書的小朋友,上過小秀才班之後,都非常喜歡讀書,成績都進步了。」這就是最好的滅貧計畫。小孩如果一開始就不喜歡讀書,又沒有人來幫助他,他這輩子就會被斷送,我們在關鍵時刻:小學一年級到五年級,給他愛心輔導,讓他養成愛讀書的習慣,知道讀書很重要,這就給了他們人生一個大轉機。

「小秀才班」的學生多半來自比較貧窮的家庭，所以寒暑假時，我們招待他們到動物園去參觀，也到過中部的遊樂區去遊玩，讓小朋友有機會欣賞及享用這些遊樂設施。

我當時要求教育部編預算，也盯著他們辦，我卸任後就沒再管了。沒想到馬英九總統上任後，公務人員的心態不一樣，他們覺得那是你民進黨的事情，他們就不做了，所以辦了兩年就停掉，讓我非常失望，因為我已經下了很大的功夫，馬政府只需編列預算即可，他居然不做，我真的很失望。

22. 辦秀才學校

我當縣長時，有一個「*春風專案*」，晚上十一點，我下令警察、老師到處去找那些晚上失蹤的學生，把他們帶回來，先帶到縣政府大禮堂，選一部電影放給他們看，告訴他們如果你晚上失蹤，會怎麼樣怎麼樣，像是被幫派引誘等等。警察後找到他們時，他們都在打電動玩具、或在夜店。

找到以後，警察問他們父母在哪裡，另外一批人就會把他們的父母請來，父母大概晚一、兩個小時就會出現，好幾個父母看到我都跪下來，「謝謝縣長，我的孩子失蹤很久了，我也不知道他到哪裡去了，你幫我找回來，我難免要罵他啊。」我說：「你怎麼這樣做父母？」他們說：「沒辦法啊，我擺夜市，晚上要做生意，我還要顧生計。」我這才了解老百姓的難題在哪裡！

我一方面訓勉孩子，告訴他們以後不可以這樣，但是我們抓了幾個，把他們送回學校，過幾天他們又跑掉了，我想乾脆設一個學校教育他們吧。

我找到楊梅原先是廢棄軍營的地方，阿兵哥早已撤走了，我跟國防部協調，「你那塊地廢棄那麼久，可不可以給我？我要蓋學校。」楊梅有個地方叫秀才窩，在清朝時那一帶出了很多舉人、秀才，所以那一條路就叫「*秀才路*」。

以前教育部辦的是「*中輟學校*」，學生去那裡上課等於臉上被打印記，誰還要去？所以我就把它改名為「*秀才學府*」，學校後面是茶園，環境很漂亮，每年可以收容兩百個學生，晚上學生都住在學校，請老師輔導，還可以做職業訓練，女生可以學美容，男生可以學電腦，讓他們適應兩年，再送回原學校。後來教育部覺得我這個做的很好，所以全台灣又設了十個「*秀才學府*」，這些學校現在都還在。

23. 九二一大地震

1999 年,台灣發生九二一大地震,我那時的身份是桃園縣長,正好在訪問卡達 Qatar,因為卡達要在桃園拓資建港口,所以邀請我去參觀。我也想在桃園設立一個國際工商大港,把卡達的油管子接進大潭火力發電廠,桃園就不會像上次那樣停電了,我可是有整套計畫。

我在卡達時,飯都還沒吃,電話就來了,告訴我台灣發生大地震,他們說是非常大的大地震,災情嚴重,所以我第二天立即打道回府。回來以後,我馬上打電話跟教育局長要求我們全縣的老師及公務員,每人捐出半個月薪水,我捐助一個月,我立刻帶著那筆錢去拜訪受災戶,每一家給一千或五百元,我一路這麼做,做到我 2000 年當選副總統為止。

我為了九二一的災情,下鄉了 65 次。後來當地的藝術家就做了這個紀念品給我。這是設在南投地震點的紀念碑,他們送了一個複製品給我。

24. 致力於社會議題

除了照顧小朋友，舒緩一下貧富懸殊的問題之外，我發現「自殺」也是個大問題，所以我推出「人生列車，甘苦人生」，巡迴各縣市，邀請專家演講，輔導大家凡事不要看不開，動不動就輕生。

我非常重視文化，在 2009 年成立了「*玉山畫盟*」，前前後後有數十位中青畫家參加，因為畫家都忙著創作，不太會經營他們的畫業，所以我每兩年替他們辦一次畫展，讓他們有機會推銷自己的畫。

三年前「*玉山畫盟*」的創意感動了佛光山，佛光山特別把「*佛陀紀念館*」提供給我一百天辦畫展，鼓勵近百位畫家參展。

我一向很注意養生的議題，因為全球暖化的關係，所以我鼓勵大家多吃素、少吃肉，可以保護台灣的環境，「**It's meat that heats**」，我自己已經吃素六年了。

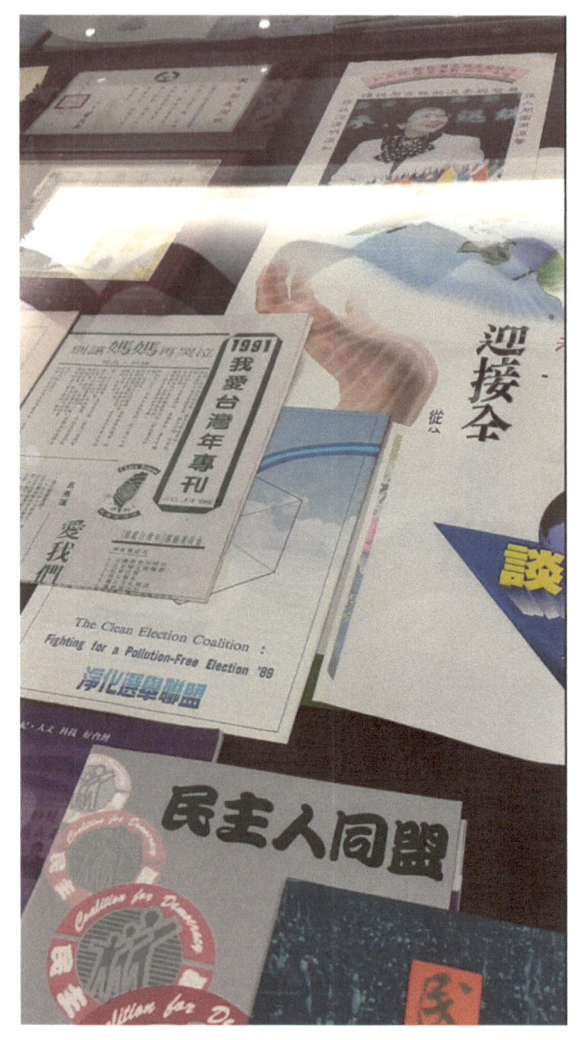

　　我做桃園縣長的第一任是補選上的,所以隔了八個月就要參選第二任,那時台灣的選舉制度是:公職選舉選完,得票率達到某個門檻的話,政府會補助你一張票三十元。我當選第二任的時候,我把政府補助的錢,三分之一交給民進黨部,三分之一撥給民進黨縣市黨部,剩下的三分之一我就在1998年成立「*國家展望文教基金會*」,這個基金會一直到現在都還在運作。

25. 其他縣政上的努力

　　我覺得政治不應只是權力鬥爭，它還要管理國家及眾人的事。桃園那時千瘡百孔，我先去做了一番了解，再找專家來尋找問題解決的方法。我治理桃園縣 3 年，蓋了 35 所全新的學校，配合國防部的老舊眷村全面改造，共 8000 戶，後來被國防部評鑑為第一名。

　　有些中大型的國家建設，像是老舊建築物的拆除及改建，最重要的是要先完成土地的徵收，公部門的土地比較容易處理，老百姓的土地你要怎麼讓他們願意把土地賣給你？那就要看縣長有沒有公信力。

　　我想我很清白，過去他們會覺得土地交給縣政府，政府拿去炒地皮，錢是政府賺，他們一毛都賺不到，所以我就花很多時間跟他們解釋，為桃園縣幾個重大的建設奠立了成功的基礎。以前機桃園機場只有第一航站，在我任內完成土地的徵收，才有現在的第二航站。

　　桃園的天然氣發電廠是全亞洲最大的，土地也是我完成徵收的，我在短短三個月內幫地主爭取到最佳的回饋，獲得他們的信任，雙方歡歡喜喜的開始合作。

　　台灣鐵路的青埔車站那一大片土地，我也是短短幾個月就徵收成功，因為他們相信把土地交給我，我不會揩油，我也會替他們爭取比市價更好的回饋，最後是雙贏。

　　我告訴地主，把土地賣給國家做建設，未來你可以驕傲的跟兒孫講，這曾經是阿公擁有的土地，現在幫助國家做建設。我也會跟徵收土地的一方講，請不要再計較，多給一點錢，在短時間完成你要的建設，不是很好嗎？台電、高鐵、航空城都是我苦口婆心在短期內替他們完成土地徵收工作。

26. 被總統選舉團隊看上

1998 年，我成立「*瞭望公元 2000 年焦點研究*」系列研討會，網羅了一群學者專家，花兩年時間發表論文及出書。

我當初沒想到會與陳水扁搭檔競選總統／副總統，結果真巧，專家學者所研究的議題都住進我腦海裡了，等我決定跟陳水扁搭檔競選副總統時，這些議題就成為我們的施政概念，例如國土規劃等等，對我來講早已經預習一遍了。

台灣當時買票的情況非常嚴重，所以我就設了「*淨化選舉聯盟*」，大家都笑我怎麼可能叫人家不賺買票的錢，可是一路下來，你看看有多少人因為買票當選，然後被判當選無效。

2002 年，民進黨請我跟黃光雄開始研究憲政改革，我成立了*民主人同盟*，提倡先有民主人，才有民主國。我們也在民間做了宣揚，還出了一本《*憲法 ABC*》，因為很多人不懂憲法，要談憲改，這就是其中的一本書。

民進黨後來完成《*民主大憲章*》的制訂，如果當時我們主張撰寫台灣憲法，國民黨絕對不會接受，最後兩黨打架，打個兩、三年，一事無成。所以我當時建議分兩階段進行，第一階段不要去吵國號，先取法英國的人權大憲章，完成《*民主大憲章*》的實質內容，再參與李登輝總統的國是會議，協助他推動憲改，我們透過黃信介和李登輝的私交，以在野黨的身份，成功的協同辦理一次非常重要的國是會議。

因為我參加了國是會議，看到那個會議中論點的不足，所以在我計畫隔年參選立法委員之前，我決定先去中國看看，因為台灣的前途一定脫不了中國。

當我以自由之身出現在天安門前，花了整整一個月對中國仔細的觀察，我親眼看到文化大革命把文物摧毀的慘狀，回台之後，我呼籲大家一定要愛台灣，不應該吵吵鬧鬧，如果大家看到天安門等建築物被中國共產黨摧殘的慘狀，就會知道要珍惜台灣，所以我發起「*我愛台灣年*」。

27. 三一九槍擊案，震撼國際

2004年3月19日，我和阿扁正在為競選連任在台南市拜票，我們當天坐的那輛吉普車兩旁的人很多，突然車子被打破一個洞，子彈直接打到我的腳，好痛啊，我是正面被打到的，阿扁則是側面被打。

阿扁原來以為是放鞭炮，我跟他講我腳上破了一個洞，他說用面速力達母（小護士）擦一擦就好。後來我進奇美醫院時，腳已經痛到不能走了，所以是被揹進去的，阿扁說他是三軍統帥，他不能倒，明天就要投票了，他一倒明天就沒人投票給他了，所以他就撐著，這一撐，大家就認為他被槍擊是假的。如果他那時候也像我這樣被揹進去，就沒人會說是假的了。

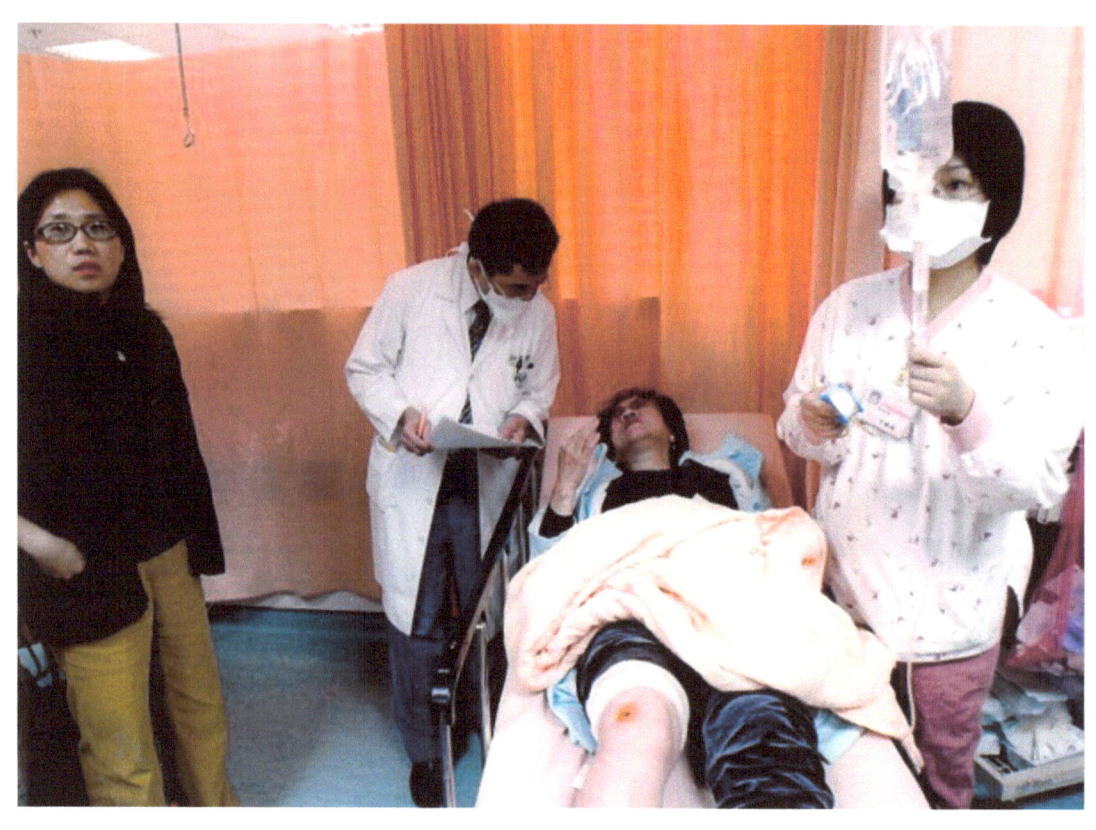

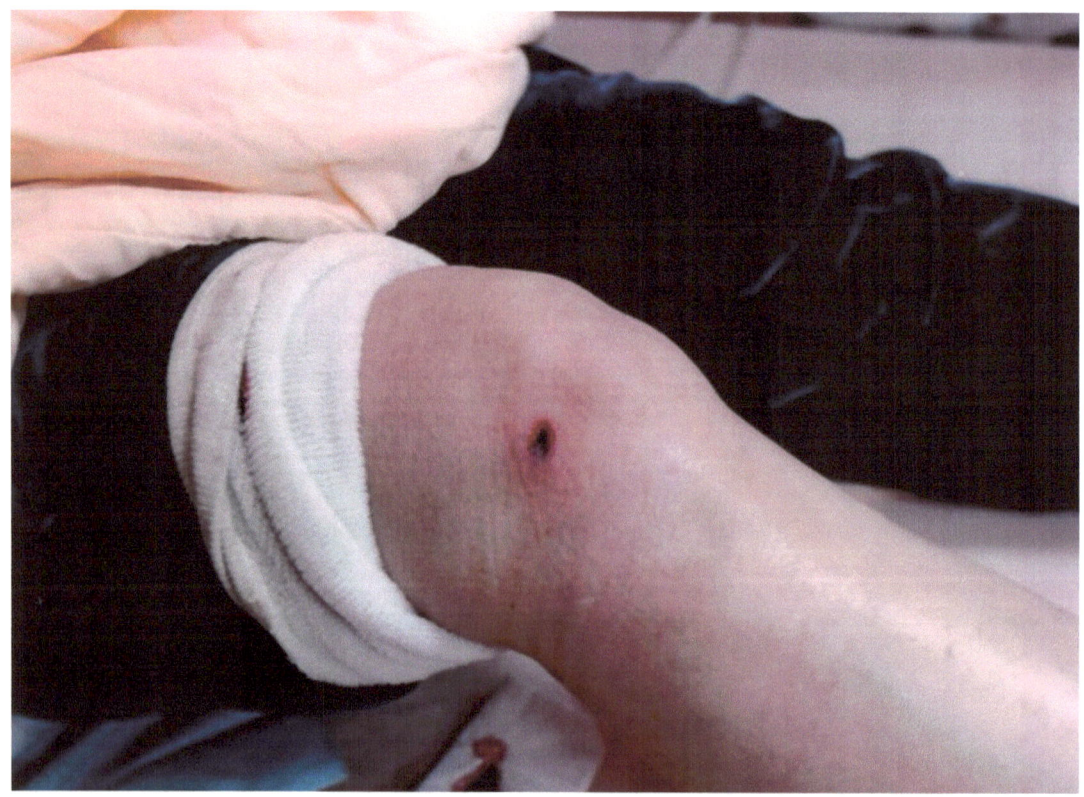

78

阿扁當時沒有感覺那麼痛,因為他就是肚皮擦傷而已。我受傷以後還奉阿扁的命令出國,所以當外國頒證書給我時,我都是拿著拐杖的。

這張是在 UC Berkeley 照的,我去中美洲訪問時過境舊金山,在 UC Berkeley 演講,拿著拐杖。我的腳現在完全好了,連洞也沒了,真是奇蹟。

28. 陳呂配勝選

我們第一次競選正副總統是在 2000 年，當時民進黨內沒有人相信我們會贏，所以副總統的位子也沒有那麼重要，但接下去 2004 年，我這個副總統的位子大家都搶破頭了。

真相是阿扁很早就寫了八個字「*最佳搭檔、最佳輔佐*」給我，那時我出了一本書，他是寫在書上的。所以有人說阿扁變來變去，其實他兩次找我，都是一年前就找了，他叫我不要對外講，我當然不會講，這中間其實有很多機會可以被別人搶走。後來蘇、蔡、劉拼命的鬥我，阿扁的心意也很堅定，有人說他變變變，其實是冤枉他，他是個信守承諾的人。

29. 槍擊案前,老天暗助

　　從 2003 到 2004 年,民進黨各派系的人想盡辦法要阿扁換副總統,因為他們認為給我做四年已經很夠了,還想做八年?所以他們用盡各種手段,利用媒體打擊我,可是等到三一九槍擊案發生,我拿了十一個月拐杖,我那時想,「你們這些男生啊,如果知道做副總統是要挨子彈的話,你們還敢這樣搶?大位不可以智取,要看有沒有命,大家看開一點吧!」

　　我也告訴自己,此生的命也只是幹到副總統,所以我對一切處之淡然,但怎麼也沒有想到會在 2004 年投票的前一天,突然挨子彈,我第一時間說:「Why me?為什麼打我?」

　　3 月 13 日,三一九的前一個禮拜,我們在高雄舉辦投票前最後一場周末的晚會,先由總統夫人吳淑珍演講,再由我講,阿扁壓軸。安排的人一直催我,「你一定要準時在夫人結束之前站在她的旁邊。」在那之前,我已經跑了五個縣市,到高雄場時,我一下車就拼命衝,結果我的腳踢到了舞台下面,痛得不得了,可是明天就要投票,我不能讓人家知道我受傷,所以咬緊牙根衝上台去,場面非常大,那一天正好連戰、宋楚瑜也在台北辦大場,他們兩個人還趴在地上親吻土地。

　　阿扁總統一上台,看到場面那麼大,就拉著我的手,跟前後左右的群眾揮手,揮完手以後他開始演講,我還得站在旁邊,前後折騰了一個小時,然後十點一到,我們就準時離開,各自搭飛機回去。

　　我上了車子後一看慘了,我的腳已經流血得很嚴重,腫得很大,但還是得先回台北,別無他法,所以咬緊牙根坐飛機回台北,簡單的包裝一下傷口,第二天早上拿著拐杖到澎湖去,因為我的行程是在馬祖,我答應人家要去,即使腳受傷,我還是得去。後來我一直覺得很不解,為什麼我會在投票前一個禮拜突然踢到腳,然後再在三一九槍擊案被打中膝蓋呢?

我後來恍然大悟，是老天在救我，因為我事先腳受傷，在沿街拜票時阿扁說：「你腳受傷了，不要參加吧。」我回答：「不行，最後幾天，我不出現謠言就來啦，我一定要撐到底。」所以我才會在我們沿街拜票時，坐在高腳椅上。

　　當三一九的兇手瞄準我打的時候，他也沒有料到我是坐在高腳椅上，腳撐起來剛好保護了我的胸部，否則他那一槍打下來，根據李昌鈺的鑑定，應該是會打中我的胸部，但因為我腳痛把腳撐起來，就成了我的膝蓋挨子彈，所以冥冥之中還是有老天保佑。事過境遷，我除了用西醫治療以外，還去學氣功，練太極拳。

　　我在體育方面很笨拙，可是為了要早一點恢復行動自由，不再坐輪椅，所以我開始學簡單的氣功，終於在 11 個月以後，讓拐杖功成身退。

　　三一九案的兇手到現在都不知道是誰，這讓我很不甘心。後來抓到陳義雄，他投水自盡，就死無對證了，但我覺得不會是他，因為他不是職業殺手。本案的兇手槍法是很準的，在這麼短的時間，在眾目睽睽之下，打中兩個人後，還可以逃之夭夭。

30. 當選後的驚濤駭浪

　　投票日當晚計票的結果，我們小贏當選，但是根據法律，當選與否是以投票日當晚中央選委會宣布的為準，那天晚上中央選委會宣布我們當選了，在那之前邱毅帶隊去選委會衝撞，阻止中央選委會的宣布，但隔了一個禮拜，中央選委會正式把當選證書送給我們，你看這一張照片，我當時拄著拐杖。

　　記得我在挨子彈的第二天，坐輪椅去投票，投完票以後，我心裡很篤定知道我們一定會當選，所以就在家寫英文的當選感謝詞。開完票後，我先是坐輪椅來到競選總部，參加那場國內外的記者會，然後出來謝票。

　　投票時我是坐著輪椅去的，等到當選後謝完票回家，我的腳非常痛，但也只能等第二天早上才能到台大醫院去療傷。當天晚上在電視上，我看到連宋的群眾非常憤慨，一直說阿扁是自導自演，很多人聚集在凱達格蘭大道前面，我另一方面也注意華府，因為美國總統如果認定選舉結束，無論誰當選，它都會依慣例發一個賀卡，但那天直到天亮，美國都沒有給我們道賀，我就覺得不對勁了。

國民黨那邊一直有傳聞說是阿扁自導自演，所以選舉無效。後來我直接打電話到美國，我有一個好朋友是美國資深的退休國會議員 Lester Wolff，他很關心台灣情況，也關心我的傷勢。我就問他為什麼美國總統還沒有給我們道賀，因為沒有道賀，所以我們這邊群眾不散，情況越來越緊張。

　　我們在聊的時候，他無意間想到一件事，他說：「美國法律規定，如果競爭對手對選舉結果有意見的話，選舉的結果就暫停，等到打完官司，法院才認定是誰當選。你們因為有紛爭，國民黨的群眾抗議，所以我們的了解是你們的當選不算數。」我說：「不對，依我們的法律，當天晚上中央選委會認定誰當選，就會宣布，認為選舉不公平的一方，可以去打官司，但在法院判決確定以前，這個選舉結果是有效的。」原來台美兩國法律的差距這麼大，他說：「真的？我不知道你們台灣的法律是這樣。那你就趕快 do something。」

　　第二天我先到台大醫院去治腳，在台大醫院休息一天，等傷勢比較穩定了，我就請美國在台協會駐台北辦事處處長包道格 Douglas H. Paal 到總統府跟我見面，我跟包道格講：「包先生，我們這一次的總統／副總統選舉是根據中華民國的法律，不是根據美國的法律。」他說：「那當然。」然後我麻煩他的政治組秘書一字一句把我的話寫下來，「根據中華民國法律，選舉結果以當天晚上中央選委會認定的為準，中央選委會當晚已經宣布我們當選了。」「如果要質疑選舉結果的話，在台灣是事後打官司，由法院來裁決，這中間時間我們是當選的，所以請你馬上請貴國的總統向我們發賀函。」

　　我也先問他：「根據美國的法律，是不是在有紛爭的時候，以法院判決為準？」他說是。但他一聽完我的話，馬上就跑回去了，幾個小時以後，美國在台協會理事主席夏馨就打電話給台灣駐美代表處恭喜，由陳建仁報回。黃志芳那時是外交部長，黃志芳又怕用電話講的不算數，所以他把電話稿寫出來，由陳建仁請夏馨簽名，陳建仁又趕快約夏馨吃早餐，請他把電話的內容再次確認，再報回台灣，宣布美國承認我們選舉的結果。

這中間，我和包道格談話前後只有幾個小時，也沒有跟任何人講過，那時連跟阿扁請示都沒有，因為他也受傷，我認為我該做的事情我會做，很多人誤以為是夏馨自做主張，但夏馨跟我講：「我哪有這個膽子，如果不是我的上司叫我趕快做，已經延誤了好幾天了，我哪敢做？」後來我跟他說，這是因為我已經跟包道格講過了，所以包道格趕快報到白宮，白宮認為這樣有理，請他們補救，幾個小時以後白宮就正式宣布了，這件事說明了維護台灣的國家利益是需要專業的，也需要臨機應變。

那時情勢危急，總統府地下室的憲兵隊都駐滿了，因為群眾一直要衝進來，軍中也有人到群眾中去煽動，叫國防部長辭職，叫參謀總長也辭職，當時若所有的將官都辭職了，國家就會癱瘓掉，事情就會演變成為軟性政變，就因為在緊急關頭我打了一通重要的電話，還有幾個靈感，不到二十四小時危機就解除了。

那時馬英九當台北市長，他一聽說白宮道賀了，就宣布第二天早上九點以前清場，請群眾撤退。他知道大勢已去，再欺上瞞下是沒有用的，直到現在也沒人知道這是我跟包道格談出來的結果。

我們長期以來跟美國的關係非常堅固，雖然沒有正式邦交，可是是最重要的盟友，台灣人民擁有直接選總統的權利，這是長期民主化的結果。我們的選舉結果得到美國的肯定，對台灣來說是很重要的，因為美國是國際社會的老大，它的承認或不承認，意義重大，這也是為什麼美國總統的賀詞那麼重要。

2004 年的兩顆子彈，讓我們的對手懷疑子彈是假的，我可以體諒他們的心情，在這個紛亂當中，幸虧我打了電話跟 Lester Wolff 詢問，提醒他兩國因為法律不同，所以選舉的結果也不同，我們也以最積極的方法因應。我後來還特別跟包道格說，第二天中央選委會會送當選證書來，就是這一張照片。

　　美國賀電來了以後，其他國家才陸續道賀，大家都在等美國，美國若沒有道賀，他們也會認為 something wrong。

31. 為什麼兇手找不到？

三一九的兇手至今找不到，讓我很納悶，全台灣只有我拼命要找答案，其他人好像都算了，我希望真相有一天會水落石出。北京大學的法學家、評論作家袁紅冰就認為是中共幹的，但他需要提出更多的證據。像是林義雄家的血案到現在都沒破，劉邦友的血案也沒破，陳文成的血案也沒破，應該都跟政治有關。

我絕對排除是國民黨做的，因為我覺得連宋不會那麼邪惡，他們當天也說以後他們不再選了。選罷法規定，除非總統候選人死掉，否則選舉照樣進行，打死我這個副總統，選舉還是會照樣進行，對連宋沒有幫助。藍營一直講是民進黨要幹掉我，我覺得民進黨也不會那麼邪惡，何必殺我呢？

我也想過，會不會是黑道幹的，因為台灣黑道選舉的賭盤原先都賭連宋當選，輸贏都好幾億，會不會是他們覺得情勢不對，所以搞一個局，讓選舉重新洗牌，這個可能性是存在的。我希望有一天真相大白，因為我非常的不服氣。

當時有很多人指責阿扁，說他沒有辦案下去。其實他在第一時間召集五院院長來，我也在場，阿扁一面解釋，甚至還翻出肚皮，「我怎麼會自導自演？你們看，我的傷口都給你們看。」最後，他拜託監察院院長來擔任真相調查委員會的召集人，有請錢復，五院院長也都同意，所以錢復就接受阿扁的任命。

但是接下來三天，錢復就被藍營罵死了，罵他是漢奸，他只好辭職了，後來阿扁很感嘆的跟我說，「你看，我再怎樣派人也沒有用，因為大家都不想碰。」

至於其他的政治案件，我的感覺是應該有真相，但就是不能大白，因為會動搖國本，所以我希望以後的任何案件，無論是否牽涉政治，一定要辦到底，才能解決問題。

32. Lester Wolff 領銜制訂台灣關係法

這張照片就是 Lester Wolff 先生。他現在已經一百多歲了，還是非常健康，最難得的是當年卡特跟台灣斷交，國會非常不滿，就由他帶頭制訂「*台灣關係法*」，所以他是「*台灣關係法*」之父，他熱愛台灣，我坐牢的時候他也在研究台灣，後來我們就成為忘年之交。

下圖這個世界和平獎是甘迺迪總統創辦的 Peace Corp 頒發的，Peace Corp 在韓戰以後創辦，這個頒獎典禮本來是在美國國會山莊舉辦，但因為我當時是台灣現任副總統，有中共干擾，我不能去華府，所以他們就移駕到台灣總統府來頒獎給我。

這幾張照片是跟阿扁一起拍的。

我在副總統期間出版的書,有十幾本。這三本回憶錄是 2016 年出版的。

33. 推動台灣加入聯合國

我致力推動台灣的國際外交及加入聯合國，呼籲聯合國應該為台灣開大門。

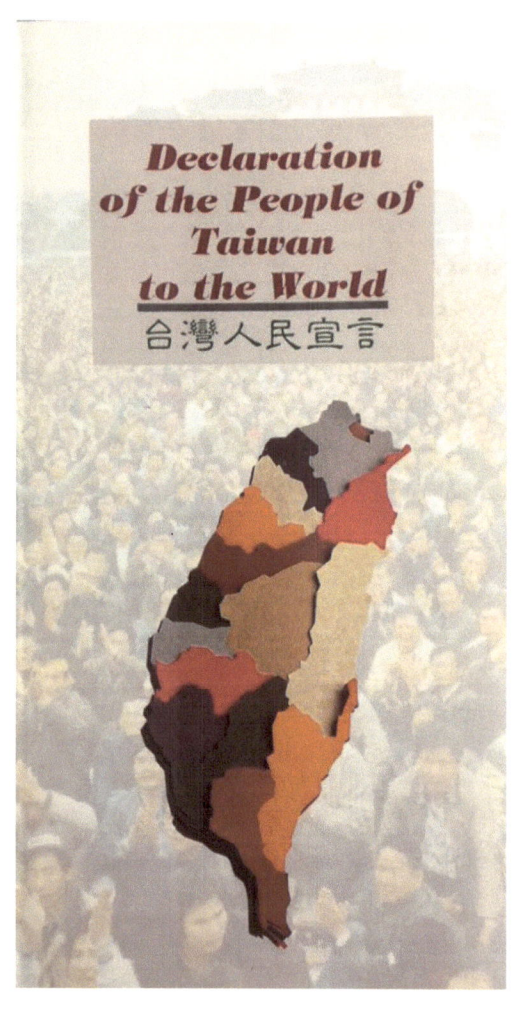

當時全世界有一百個國家的元首，包括江澤民，都到聯合國參加會議，因為會場是落地玻璃窗，所以每一個國家領導人都看得到我們這輛車，就會知道台灣還沒加入聯合國。每年九月聯合國開幕的那個禮拜我一定去，我在那邊還設了辦公室。中國的領事館也會事先問：「台灣那個人來了沒？」但是時間久了，我自己也不耐煩了，我想與其加入聯合國，不如我們自創個小聯合國，所以我就創了「*民主太平洋聯盟 Democratic Pacific Union*」。

QUARTERLY 2
DEMOCRATIC PACIFIC UNION July 2006

Dignitaries who conclud the opening ceremony by jointly slicing a cake adorned with the name of DPU in Chinese characters are: H.E. Elias Camsek Chin (from left), Vice President and Minister of Justice of Palau; Dr. Woong-kyu Cho, Chairman of DPU Korea Chapter; Hon. Young-Sun Song, President of Korean National Assembly Security Forum; H.E. Li Tsai-Fang, Representative of Taipei Mission in Korea; Dr. Rong-I Wu, Senior Advisor to the President of Taiwan and Emeritus Advisor to the DPU; Mr. Teng-hsiung Chao, Chairman of Farglory Group in Taiwan.

34. 舉辦世界和平大會

我在 2001 年提出「千禧年和平宣言」，隨即在台北舉辦「世界和平大會」，一口氣請了六位諾貝爾獎得主來。

我們透過視訊跟當時中國主席江澤民傳遞和平訊息，請中國拆卸對準台灣的飛彈，接下來我成立「民主太平洋聯盟」，有三十八個國家參加。橘色部分就是環太平洋的民主國家，也就是有選舉權的國家，連阿根廷、智利都參加了，而且與會的邦交國家的代表都是總統或副總統，非邦交國家來的是國會議長或者議員，連續辦了六年。

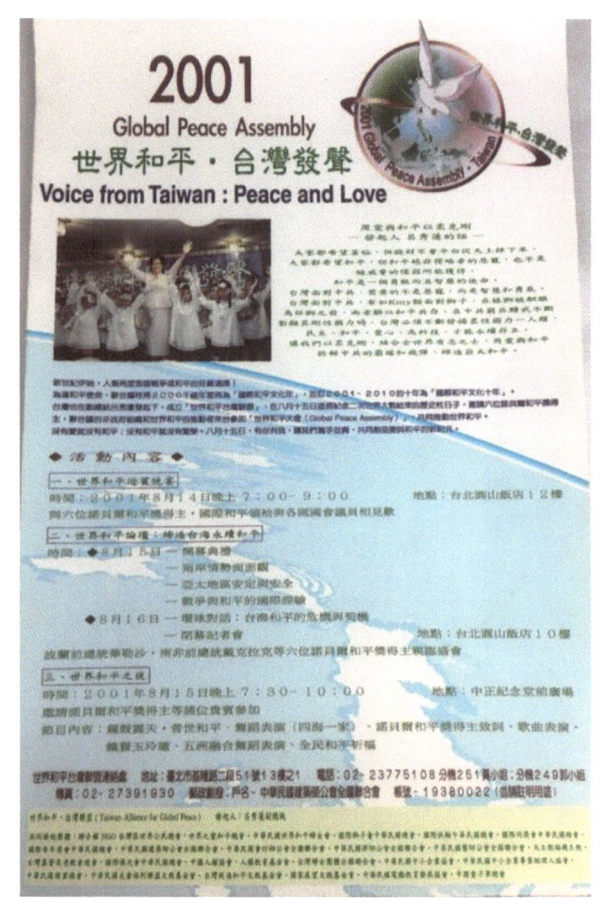

35. 舉辦世界婦女高峰會

談到「*世界婦女高峰會*」有這兩張照片代表。那時外交部部長是錢復，一開始外交部跟我說，「你怎麼可能請那麼多人來？」後來來了七十二個國家的兩百多位貴賓，包括現任的總理、部長、國會議員，全部是女性。所以對我來說，mission impossible 變成 mission I am possible。

36. 廣設獎學金

　　我們在各國廣設獎學金，中美洲很多國家都會派學生來唸 Master 及 Ph.D.，唸完回去後就可以在他們的國家從中級主管做起，有一定的影響力。我們另外還設了一百位訪問學人的獎學金，邀請一些教授來台灣住兩個禮拜到一個月，然後回去寫論文，抒發他們對台灣的觀感。

37. 救災、救災

台灣每年都有天災，我會在第一時間趕過去，每次我都是穿著雨鞋，跋山涉水，碰到阿兵哥就感謝。我會先打電話給當地家樂福的店東說，「請你們捐一些救災品給我，就是生活必需品，包括女生需要的東西。」然後我再找兩個卡車跟著我的車子走。

我到每一個村莊，就會跟阿兵哥的隊長說：「你看看後車廂有什麼東西是你們需要的，就拿去。」我到村莊去也會跟村長講：「突然發生這個災難，不用擔心他們會搶，這些東西都是不值錢的，可是沒有就不行。」所以我救災的方式是把實品送到災民面前，一個村莊一個村莊的送，我還認養小孩，九二一以後我不但帶動大家認養小孩，自己也認養五個小孩。

台灣人深知土石流、天災之害，所以我們在菲律賓、印尼、東京、漢城辦研討會，還跟台大合作**《防災訓練研習會》**，做得**轟轟**烈烈。

38. 人權不是口號

我去看了當年坐牢的地方，發現國防部已經在拆了，所以我趕快跟阿扁報告，說這要保留。他說，「好，你去處理。」才把它保留住。

後來馬英九想要粉飾太平，他說要把當年的牢房改作人權文化園區，要開放做唱歌跳舞的地方，我說：「開玩笑，這樣做，你怎麼對得起冤魂呢？」後來就改為**「人權紀念園區」**，等它完成整修後開放時，我們已經卸任了。

馬英九就任的第一年，拼命講他多麼重視人權，講完以後輪到我講，我就笑笑說：「馬總統，當年你在蔣經國總統身邊的時候，你知道我在哪裡嗎？」我跟他說：「等一下你要不要跟我去看牢房？」

他同意了，記者們樂得要拍這個鏡頭，我把當年的囚室門打開，跟他講我在這裡被關了多久，那時四個角落都是二十四小時的強光照射，沒有廁所，吃喝拉撒都在那裡，馬英九非常震驚，我想那個經驗對他是有益的。

很多講人權的人，常常只是喊一些空洞的口號及概念，只有當你真正的面對生死，或是被送到監獄去關，才會對人權有所體會。我幾個月前到南非去看他們囚禁曼德拉的地方，他那個監獄其實很新，比台灣好多了，沒有想像中的恐怖。

當時我坐牢時的那群監獄管理員，應該是好不容易才找到這份工作，而且是個鐵飯碗。所以我生病、陳菊生病，他們都不上報，因為他們怕萬一我們被提前保外就醫，他們就沒工作了，萬一我們被假釋了，他們的鐵飯碗就沒了，所以我姊姊每個禮拜都要來看我，確認我沒被他們虐待。

39. 盼台灣成為中立國

　　台灣的歷史宿命一直都是任人宰制，小國只能服從大國，所以我們若想徹底改變命運，就應該透過公民投票，向全世界宣布台灣是一個和平中立的國家。只是*公投法*一直到最近才修訂，沒有法律我沒辦法推動，現在*公投法*總算通過了，可是施行細則還沒訂，所以我也是沒有辦法推。我以為讓十八歲以上的人可以投票、可以從網路投票，只要是經過公民投票的結果，全世界都會尊重我們。

40. 和平轉移政權，Happy Ending!

2008 年 5 月 20 日上午 9 點，我們把政權正式轉移！在那以前竟然有人說，阿扁到時候會賴皮不肯移交，真是胡說八道，我們交接完就回來了。我回到家裡打開電視，特偵組宣布禁止陳水扁先生出境，他的命運就在二十分鐘之內，從最高點跌到最低。

2008 年 5 月 20 日，我們迎接馬英九及蕭萬長，政權和平轉移，Happy Ending!

（全文完）

呂秀蓮的私人珍藏

獲頒各國獎章

這是各地送的感謝狀及譽辭，包括：北一女之光、東方貞德、永遠的拓荒者

中華民國最高勳章：景星勳章（左）中山勳章（右）

這是兩個邦交國總統授的勳章

在美台灣人設的「台美基金會」頒發最高貢獻獎Special Contribution Award給我

這個是阿扁總統送我的紀念品,就是陪伴我十一個月的拐杖

蘭嶼

我是第一個以現任副總統身分去蘭嶼訪問的國家領導人，蘭嶼人很高興，後來阿扁也去了。剛巧那時摩門教的世界教主來看我，他說想回饋台灣，我告訴他蘭嶼人需要醫療用品，他們就從夏威夷運來兩個貨櫃的醫療用品。

蘭嶼人難得有機會來台北參觀，我跟獅子會聯絡，由獅子會出面邀請他們到台灣出遊，包括參觀總統府，他們的耆老問，「可不可以穿丁字褲來？」我說：「當然可以，那是你們的禮服啊！」

巴拉圭

巴拉圭是我們在南美洲的唯一邦交國,我去了巴拉圭五次,就是為了要拉攏他們不要跟我們斷交。

我們捐了一筆錢,在垃圾場的原地蓋了一個社會住宅,讓平民入住。住宅建成後,我和他們的總統共同主持落成揭幕,全村感激之餘,把這個村叫做「台灣村」。

巴拉圭總統用「女中豪傑」來勉勵我，說我是穆桂英--中國京劇裡的女英雄。

舉辦世界和平大會

2001年我主辦「*世界和平大會*」，一口氣請了六位諾貝爾和平主到台灣來，不是空前也是絕後，非常轟動。

福建漳州

我的祖籍是福建漳州，那兒有個龍潭樓，他們一直邀我去，我90年代去過，後來就沒再去，他們把這個樓的模型用金箔打造起來送給我。

瓜地馬拉

中美洲以前有個瓜地馬拉帝國，它的首都在安地瓜 Antigua，是個人文薈萃的地方，但四百年前一場地震把整個首都摧毀，所以現在斷垣殘壁，可是還是有很多漂亮的建築及畫家在那裡。因為我曾經寫過一本小說「*這三個女人*」，所以當我們同行的朋友看到這個，就買下來送給我。

安地瓜希望被列入 UNESCO，這樣就可以招徠更多的遊客。我告訴他們，「我代表台灣幫你們整修一座天主教修道院，一座基督教博物館，上面刻有台灣的名字，會有助於你們列入 UNESCO。」

這一張是瓜地馬拉瑪雅族的民族鬥士門楚 Rigoberta Menchu Tum，她是 1992 年諾貝爾和平獎得獎人。我去訪問她時，她專程從歐洲趕回來接待我。

兩張副總統當選證書

中華民國到台灣來一百多年了，現任總統再選都會連任，但副總統除了我之外，沒有人曾經連任過，所以我有兩張稀有的當選證書，一張是 2000 年，一張是 2004 年。

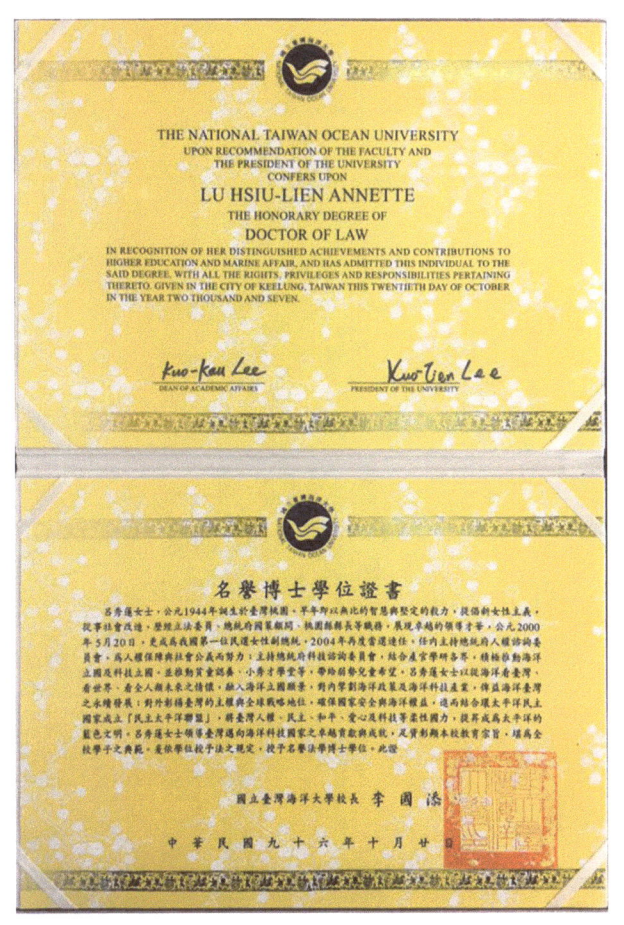

獲頒榮譽博士

我出訪過幾個邦交國，其中有六個國立大學頒贈榮譽博士學位給我，台灣的國立海洋大學也授給我榮譽博士學位，因為我積極提倡台灣要海洋立國。

結緣達賴喇嘛

我跟達賴喇嘛很有緣,在我當選桃園縣長以前,達賴第一次到桃園巨蛋弘法,後來在我就職副總統前一天,達賴又做了一場弘法,再度給我加持。我就職副總統那天他沒來,可是他特別請人送這個卡達來,還在上面繡了兩隻鳳,這個菩薩也是他送我的,我自覺跟佛教有很深的緣份。

卡斯楚

台灣很少人見過古巴領導人卡斯楚，我那時參加巴拉圭總統就職典禮，卡斯楚也是貴賓，他起先以為我是總統夫人，根本不理我，後來我自我介紹說：「我是台灣的副總統。」他說：「你是民選的嗎？」我說：「當然是由人民選出來的。」他就一直問我台灣的現況，再談到我們跟中國的關係，我說有一千八百顆飛彈對著我們，他說：「中國怎麼可以用武力呢？」

在我們對談之後，他對台灣有了一個很好的印象。因為媒體對他比較熟悉，奇怪他怎麼會突然跟一個東方女性談那麼久，就把我們層層包圍。他一看樂了，「來，我們一起讓媒體拍個夠！」他非常的大方、樂天，也很風趣的說，「雖然，明天中國可能會找我麻煩。」

果然第二天我們的合照就成為頭條新聞，中國也強烈抗議。三年之後他在接受古巴國營電視台訪問時，突然冒出一句話，「我認為聯合國應該邀請台灣加入。」

柯林頓

這幾張照片是跟美國總統／副總統柯林頓、高爾的合照,他們接受民主黨提名連任的那場大會在芝加哥舉行,我透過特殊管道去參加。

柯林頓連任後要到中國去訪問，我很擔心他去中國時，會講一些對台灣不利的話。我那時是桃園縣長，我結合台灣十個民進黨縣市長寫一封連署信，然後我飛到舊金山出席他參加的一個場合，經過特別安排跟他見面，我說，「我們知道你要去訪問中國，祝你訪問成功，但是無論如何請不要傷害台灣。」我還特別跟他講我們台灣的願望是什麼。

美國德州

2005 年 3 月 14 日中國人代會宣布*反分裂國家法*，主要是說：「如果台灣從中國分裂出去，那麼中國就可以用非和平手段來制裁。」

那一天我正巧在美國的休士頓訪問，德州的兩位國會議員送我這套牛仔裝。當天下午在 Houston 有個一年一度的牛仔節，二十萬人在現場，我坐在敞篷車繞場三十分鐘，擴音機不斷的宣布台灣的副總統跟大家問候，又透過五十一家電視台廣播出去，中國知道了很生氣，馬上跟美國國務院提出強烈抗議。

哥斯大黎加

這位是哥斯大黎加的副總統,他也是大學校長,頒發給我榮譽博士學位。

阿拉伯親王

最近新聞報導沙烏地阿拉伯王儲把所有的王子都叫回來軟禁、毒打，然後勒索他們捐錢。這位叫做阿利亞德親王就是中東的股王之一，他被叫回去後，王儲說他貪污、獨裁，「如果你要活著離開，就捐出你財產的十分之一。」他只好乖乖照做。

在這件事還沒發生之前，因為他的傳記被翻成中文，所以他特別到台灣來，在總統府裡舉辦簽書典禮。他真的很有錢，像美國 Radio City，Citibank 等等的背後老闆都是他，所以他被稱為中東股王。

甘比亞人的彈珠

　　我們以前在非洲有一個忠實的盟邦，叫做甘比亞。甘比亞人民的識字率不高，投票的時候，選民不一定會看懂候選人的姓名，所以他們不印選票，而是用玻璃珠投票，候選人的相片前面就是一個投票箱，選民用玻璃珠咚一聲，投到某位候選人的箱子裡，一個人如果咚兩聲，就是作弊。

　　甘比亞的總統叫做賈梅，他去花蓮訪問時發現我們的大理石礦很好，就跟外交部說：「我們國家的彈珠快要壞掉了，但我們的選民人數還在增加，能不能做些彈珠給我們？」外交部說：「好，給你五百萬個。」我有一年去，外交部就託我彈珠帶去。賈梅說：「美國很笨，高爾和布希選舉時差幾票，還打官司。如果用我們的彈珠，他們當場算一算就知道誰贏了。」甘比亞於 2013 年跟台灣斷交。

多明尼加及海地

　　我做副總統時出訪很多國家,除了官方安排的行程之外,我一定會去他們的菜市場看一看,因為民間的生活在那種地方才看的出來。我也喜歡買畫,不同國家的畫都有它特殊的風情,像這幅是在多明尼加買的,這幅是海地的畫家畫的,多明尼加及海地位於地中海同一個島嶼上。

台灣原住民的工藝品

我收集了很多手工藝品，我覺得手工藝品更能反映普羅大眾的世界。

這是我們台灣泰雅族的黥面，現在只剩一兩個老人還有黥面，年輕人基本不會去黥面了。

馬紹爾、索羅門

　　台灣有很多邦交國在太平洋的島上，像是馬紹爾、索羅門我都去過。這些是他們的王后或是母后戴的項鍊，他們的語系跟我們台灣語系很接近。

波斯灣共同發展基金

　　波斯灣國家組了一個共同發展基金，若其中有任何成員國今年的經濟情況不好時，基金就會補助它。這些國家人民的住房是由公家配給的，結婚時去政府登記，政府就會配房給你，生病時醫院的治療全部免費，他們的醫療設備還蠻好的，即使是外國旅客生病，他們也一樣免費照顧，更難得的是全民免稅，政府如果沒錢了，就由*波斯灣共同發展基金*提供協助，這些國家真是幸運。

紐約的銅雕

我向來捨不得買很貴重的東西。2002年我過境紐約，住在 Waldorf Astoria Hotel（現已被中國買下），第二天就要離開了，在等車的十五分鐘裡，我看到樓下有家 antique shop，就進去逛一逛，老闆看到我就一直揮手，進來進來進來，「This is for you!」他說這是國寶級藝術家的銅雕，然後他說：「我一看到你就覺得它應該是在等你的。」一問價錢不便宜，我就在那裡猶豫與掙扎，結果陳建仁說：「人的一生難得有一樣東西是你真的看得上的，轉念以後就可能不是你的了，買下來吧。」結果我就買啦，一直到現在我還是覺得這個銅雕真的很漂亮。

宏都拉斯的木雕

宏都拉斯是個窮國，不過他們的木刻很有特色，宏都拉斯的一間工業大學頒榮譽博士學位給我，學校還特地送這個木雕給我，上面還可以打開。

阿扁的匾額

阿扁卸任時，他做了一個匾額送給幾位比較重要的幕僚，匾額上寫：「**蕃薯不驚落土爛，只求枝葉代代湠**」這要用台灣話唸，「蕃薯不驚落土爛」的意思是番薯是埋在土裡的，所以不怕土地不好，「只求枝葉代代湠」，只求番薯的枝葉能一代一代的蔓延出去。

呂秀蓮的友情聊天室

與邱彰敘舊

邱：你記不記得當年你在回台灣以前，曾住在我家？

呂：有啊！

邱：你跟我說你若回台灣，會去坐牢，我就問你一定要回去坐牢嗎？

呂：對！

邱：你說你非回去不可，所以我對你印象特別深。

呂：當時我決定要參選。我到你家住過好幾次，我都記得。你那時學化學，後來怎麼變成律師？你那時住的真是豪宅，像皇宮、城堡，我印象很深。

邱：可惜那時不流行照相，所以你來我家，我們也沒拍照。

呂：後來你們的房子呢？

邱：賣掉了。因為紐約太冷，我們就搬到舊金山。

呂：你們知道我跟邱彰認識多久，我們認識至少四十年了。我認識她的時候，她在懷孕，還在修哥倫比亞的生化博士學位，我們會認識是因為藝術家謝里法介紹。她邀請我去她家去過週末，然後我們就約好在 Manhattan 的一個街口，請她來接我，隨後她開車到紐澤西家裡去。一到她家，我嚇了一跳，像電影裡的城堡，裡面的房間大的不得了，她先生是醫生，我們就是這樣認得的。等我坐牢出來以後，她變成律師了，邱彰，你要是早一點當律師，我就不用坐牢了。

邱：我記得你出來以後，我們在台北的一家店裡吃早餐。那時候李登輝總統非常欣賞你，提名你做國策顧問。

呂：後來我選國大代表。

邱：那時候我就知道你是奇女子，記得我曾經問謝里法，呂秀蓮漂亮不漂亮，他說呂秀蓮無人能及。

呂：他不是說漂亮，他是說我能力很強。謝里法的書比他的畫更有影響力。因為他認為大家對台灣本土畫家不太了解，所以他花很多時間去整理這些畫家的故事。

呂：我記得你跟林雲很熟。

邱：林雲大師說你是位奇女子，後來有一次你要選舉，在一個募款餐會上，我和林雲都在，我就問林雲，「她會選得上嗎？」林雲說：「高票。」

呂：我是在當副總統以前認得林雲的，那時我在推台灣加入聯合國運動，他說要幫我忙。你們都認為林雲很準，是不是？

邱：他生來就通靈，他可以呼風喚雨，林雲身邊都跟著一群台大教授，向他跪拜，請他接受他們的紅包。

呂：通靈是天賦，還是後天練出來的？

邱：應該是天生的，有些人生來就有特異的體質。

呂：我前幾天看了一個節目是訪問台大校長李嗣涔，他說很多人罵他相信通靈學，他說我們不可以把不知道的事情先全盤否定，他說他是做實驗得來的結論，還播了一段實驗的過程，所以他是有科學根據的。他說我們的腦子裡還有很多沒有啟發的部位，一旦啟發以後，就能通靈。李嗣涔很生氣別

人攻擊他的理論，他說他做了這麼多實驗，但沒有做過實驗的人卻來攻擊他迷信。我覺得他講的有道理。

我在另一個節目裡看到一位西藏醫生，當地的一位婦人生病了，但路途遙遠，沒有辦法請醫生來家裡，醫生就跟她說：「你從家門口走九步路，然後彎腰撿一塊石頭給我形容一下。」醫生雖然在很遠的地方，卻可以透過那塊石頭為她治病，因為從石頭的顏色、石頭的變化就可以診斷出她有什麼病。醫生說，那塊石頭可以證明她居住的環境如何，水源乾不乾淨，真的很神奇。

憶黃信介

呂：我雖然提倡女權運動，但民進黨的男人卻多是大男人主義者。前主席黃信介是位很特殊的長者，我在 1975 年推動婦女運動時，曾舉辦**「*男士烹飪比賽 -- 廚房以外的茶話會*」**，公開號召男性來報名參加烹飪比賽及座談，討論一下女性除了下廚房以外能做些什麼。

那個活動我義賣餐券，記得有一百位廚師來報名，每一個人當場做兩道菜，就有兩百道菜。黃信介帶頭買餐券，我出的幾本書，他也全買。所以雖然當時他是歐吉桑的老人了，觀念卻蠻新的。

我印象最深的是我第一次回桃園去參選，一般人不認為我會當選，黃信介卻來幫我站台。他公開講：「這個呂秀蓮喔，站著會講，坐下會寫，做事情又能幹，我看台灣和中國談判，絕對要有呂秀蓮在場。」

黃信介有慧眼，當男生欺負我時，他都會挺身而出，他如果多活幾年就好了，他有份量，不怕得罪人，有是非感，他最大的遺憾是沒有當成台灣總統，他說他從小就想當總統。

邱：他出生時他媽媽去大龍峒附近的算命仙那算命，旁邊也有一個媽媽的小孩也是同時出生。算命先生就問他媽媽：「小孩出生的時候有下雨嗎？」他媽回答：「有，雨下得很大，」然後算命仙問另外一個媽媽有下雨嗎？他媽說：「沒有。」那個算命仙就跟黃信介媽媽說：「你兒子是大龍峒的龍來投胎的，因為龍來就有雨。」他跟另一個媽媽說：「這個時辰是貧賤命。」黃信介原名黃金龍，因為他非常崇拜日本的岸信介，所以改名為黃信介。他曾到日本留學。

憶陳菊

呂：我們曾被稱為四大寇：我、陳菊、施叔青、蘇慶黎，蘇慶黎你們比較不知道，她爸爸是蘇新，是統派，去了中國，在文化大革命時被打為叛徒而下放，後來獲得平反。施叔青本來是寫戲劇的，後來改寫本土小說，也研究歌仔戲，她先生是美國猶太人。

那時候國民黨到處都有間諜耳目，反國民黨的人通通被監控，但碰到美國白人時，國民黨就很客氣，因為施叔青的老公是美國白人，所以感覺上她是在給我們撐保護傘。尤其每當有外國人關心台灣的人權來訪問時，幾乎都是透過施叔青來安排，施叔青就會把人引介給陳菊，陳菊是郭雨新的秘書。

陳菊十七歲就當了郭雨新的秘書，後來她讀世新專校，我就慢慢跟她熟了。她研究歌仔戲、搞人權，我搞女權，後來我們就這樣成為同伴。我在監獄裡跟陳菊關在同一個牢房。一開始偵訊時，她在我隔壁，等到判決以後，她就跟我關在一起，所以我們有革命情感。

Photo Credits 圖片來源

葉柏祥

邱彰

www.ingramcontent.com/pod-product-compliance
Lightning Source LLC
Chambersburg PA
CBHW050753110526
44592CB00003B/56